中外文化差异与英语翻译研究

张　娟◎著

北京工业大学出版社

图书在版编目（CIP）数据

中外文化差异与英语翻译研究 / 张娟著. — 北京 :
北京工业大学出版社, 2018.12（2021.5 重印）
ISBN 978-7-5639-6604-2

Ⅰ. ①中… Ⅱ. ①张… Ⅲ. ①英语—翻译—研究 Ⅳ.
①H315.9

中国版本图书馆 CIP 数据核字（2019）第 010467 号

中外文化差异与英语翻译研究

著　　者：张　娟
责任编辑：刘卫珍
封面设计：晟　熙
出版发行：北京工业大学出版社
（北京市朝阳区平乐园 100 号　邮编：100124）
010-67391722（传真）　bgdcbs@sina.com
经销单位：全国各地新华书店
承印单位：三河市明华印务有限公司
开　　本：787 毫米 ×1092 毫米　1/16
印　　张：10
字　　数：220 千字
版　　次：2018 年 12 月第 1 版
印　　次：2021 年 5 月第 2 次印刷
标准书号：ISBN 978-7-5639-6604-2
定　　价：48.00 元

前　言

语言学习的最终目的是使用语言。成功的语言交际并不仅仅指使用适当的表述对思想进行表达，同时还需要对语言结构中的文化因素和文化背景知识进行渗透。因此，一个好的英语学习者不但要掌握具体的语言使用方式，而且需要对语言产生的文化有所了解。但是受传统应试教育思想的影响，我国的英语教学偏重于向学生传授语言基础知识而忽视了语言背后的文化，导致很多学生“知其然不知其所以然”，也就是他们知道一些语言的使用方式，却不能在各种语境之下灵活地对其进行变通和创新。因此，语言的使用变得固定和刻意。同时，由于受汉语思维的影响，很多学生利用汉语的表述习惯进行英语表达，故而产生了很多不地道的“中国式英语”。上述这些情况的出现，本质上都是由学生对英汉语言的异同点不清楚，并且没有认识到文化差异对语言的影响所导致的。

文化差异是指因地区不同，各地区人们所特有的文化不同而产生的差异。霍夫斯坦特认为：文化是在一个环境中的人们共同的心理程序，它不是一种个体特征，而是具有相同的教育和生活经验的许多人所共有的心理程序。不同的群体、区域或国家的这种程序互有差异。这种文化差异可分为五个维度：权力距离（Power Distance）、不确定性避免（Uncertainty Avoidance Index）、个人主义与集体主义（Individualism Versus Collectivism）、男性度与女性度（Masculinity Versus Femininity）、长期取向与短期取向（Long-term Orientation Versus Short-term Orientation）。随着世界政治、经济、科技等领域的交流日益频繁，跨文化、跨语际的交流日趋广泛，而跨语际的文化交流通常离不开翻译的媒介作用。在翻译中，怎样处理文化差异的问题是每个翻译工作者都不能回避的问题。此外，语言是文化的组成部分，其演变、使用和表达方式必然受到所处文化环境的影响和制约。因此，翻译研究的过程不仅是对语言简单转换的研究，更是对文化构成中诸因素的研究。

在翻译实践中，如何处理本土文化与外来文化之间的关系是一个相当复杂的问题。本书以文化差异的翻译为切入点，详细论述了翻译过程中文化因素所起的重要作用，这可以说是本书的特色所在。作者认为，在文化差异的翻译中应该注重文化内涵，而不是仅仅关注语言层面的翻译，同时还要关注影响文化差异翻译的因素，如文化等值和文化欠额等在其中所起的重要作用。书中通过大量典型的实例阐明了英汉文化差异与翻译间的关系，涵盖内容比较全面，对于学生、教师以及有志于研究文化差异与翻译的人员以及其他各界人士而言，都具有很强的参考价值。

本书撰写的目的，就是探讨文化差异与语言的关系。在撰写过程中，作者参阅了大量的文献资料，借鉴了很多专家和学者的研究成果，在此对他们表示衷心的感谢。本书只是作者的刍荛之见，浅陋之处难免，希望广大读者不吝赐教。

目 录

第一章　文化翻译概述

翻译表面上看是一种语言文字的转换，实际上还是一种文化的重现和传播过程。对于那些具有文化内涵的语言现象，要做到等值翻译是极为不易的。这是因为，不同文化之间的差异往往为翻译者制造了一条难以逾越的鸿沟。要想跨过这条鸿沟，译者首先必须认清语言、文化、翻译三者之间的关系，了解文化差异对翻译的影响，这样才能做好文化翻译工作。本章我们就来探讨语言与文化的关系、文化与翻译的关系以及文化差异对翻译的影响。

第一节　语言与文化的关系

一、关于语言

（一）语言的定义

1. 外国学者的观点

现代语言学之父费尔迪南·德·索绪尔（Ferdinand de Saussure）认为，“语言是一种自足的结构系统，同时又是一种分类的原则”。

美国语言学家诺姆·乔姆斯基（Noam Chomsky）认为，“语言是一组有限或无限的句子的集合，其中每一个句子的长度都有限，并且由一组有限的成分构成”。

除上述两种观点外，《韦氏新世纪词典》（*Webster's New World Dictionary*）也列出了“语言”最常见的几种释义。

（a）any means of expressing or communicating，as gestures，signs，or animal sounds（任何表达或交流的手段，如手势、信号、动物的声音）；a special set of symbols，letters，numerals，rules etc. used for the transmission of information，as in a computer（一套由符号、字母、数字、规则等组合成的特殊体系，用来传递信息，类似计算机中的信息传递）。

（b）human speech（人类言语）；the ability to communicate by this means（通过言语进行交际的能力）；a system of vocal sounds and combinations of such sounds to which meaning is attributed，used for the expression or communication of thoughts and feelings（一

套语音和语义组合系统，用来表达、交流思想和感受）；the written representation of such a system（该系统的书面表达）。

2. 中国学者的观点

国学大师赵元任认为，“语言是人跟人互通信息，用发音器官发出来的、成系统的行为方式”。

中国当代著名语言学家张世禄认为，“语言是用声音来表达思想的。语言有两方面，思想是它的内容，声音是它的外形；人类所以需要语言，是因为有了思想，不能不把它表达出来”。

3. 小结

综合上述观点可以看出，语言实际上是人类用于交际和表达思想而产生的，由词汇和语法构成的重要符号系统。简单地说，语言其实就是人类用于言语交际的一种工具，我们说语言是带有工具性质的，是因为不论口头的还是书面的交际，其发生都具有目的性。语言同时还具有交际功能，只有在语言使用者对于人类社会交际互动的规则熟悉的情况下，语言的交际功能才得以很好地发挥。由此可见，语言和社会、文化是不可分割的一个整体。

（二）语言的属性

1. 系统性

语言的系统性主要体现在两个方面：二层性和逻辑关系。

（1）二层性

语言是由语素、语音、词、句子等单位构成的，这些单位之间存在层级性，据此我们可以将这些单位分为底层结构和上层结构。语言的底层结构是音位，没有任何意义，上层结构是音义结合的符号以及符号组成的序列，故上层结构有明确的含义。其中，上层结构主要分为三个等级，第一级是语素，第二级是词，第三级是句子。语言的层级体系通常被称之为“语言的二层性”。

语言单位的数量会随着层级数目的增加而成倍扩大。例如，最底层的音位系统是由无意义的语音组成的，即音节（如前缀和后缀），这些数量有限的音节组合起来与意义相联系便构成了数量翻倍的语素，语素结合又构成了成千上万的词，词组合便形成了无限数量的句子。

（2）逻辑关系

语言的逻辑关系是指语言单位结合在一起时构成的组合关系和聚合关系。

①组合关系是指两个具有相同性质或等级的结构单位按照线性的顺序组合而来的关系，这种关系往往是固有的、已经实现了的关系。例如，“read the letter”是由“read”“the”和“letter”三个语言单位组成的。“read”是动词，“the”是定冠词，修饰限定后面的宾语“letter”，于是“read the letter”就构成了动宾关系。

②聚合关系是指具有相同组合能力的语言单位可以在语言的组合机构的同一位置上互相替换的关系。例如，“red pen”中的“red”也可以用“yellow”“black”“ink”等词语替

换，构成新的词组。这就是语言单位之间的聚合关系。

2. 创造性

语言的创造性来源于语言的二层性和递归性。如前所述，语言的二层性可以使语言单位创造出无限多的句子，即使很多句子是人们从未听过的，也能够被人们所理解。句子的这种可创造性在下面这个例子中体现得极为明显。

English is an interesting subject.

I know English is an interesting subject.

You know I know English is an interesting subject.

Mary knows that you know I know English is an interesting subject.

Is it true that Mary knows that you know I know English is an interesting subject?

…

3. 任意性

语言的任意性是指语言符号形式与其所代表的含义之间并无必然联系。索绪尔认为："A linguistic sign is not a link between a thing and a name，but between a concept and a sound pattern，or the hearer's psychological impression of a sound."（语言符号并非一个事物与其名称的连接，而是一个概念和一种声音形式，或听话人对一种声音的心理印象的连接。）换言之，语言符号是由"概念"和"声"两个要素结合而成的，而"概念"和"声"之间是没有任何逻辑联系的。例如，我们无法解释为什么"桌子"（table）要读作 /teibl/，"椅子"（chair）要读作 /tʃeə/。

语言的任意性还体现在同一事物在不同的语言中对应不同的表达上。例如，汉语中的"桌子"在英语中是"table"，在法语中是"tableau"，在德语中是"Tisch"，在日语中是"机（つくえ）"。

当然，也有人以拟声词为例对语言的任意性提出过反对。对此，索绪尔认为，"拟声词不能算是构成语言系统的有机成分，它们不仅数量十分有限，而且在选择上也具有一定的任意性，它们只是对某种声音的模仿，这种模仿或多或少是约定俗成的"。

4. 移位性

语言的移位性是指语言使用者可以用语言谈论与自己所处时间、空间不同的事物。例如，我们在家里可以谈论其他国家发生的事情，也可以谈论历史上的著名人物、事件，还可以谈论明天的天气状况。虽然这些国家、人物、事件离我们很遥远，未来的事情更是不可知，但语言却可以表达这些事物，这就是我们所说的语言的移位性。

需要指出的是，尽管动物也有其自身沟通交流的方式，但却不可能抛开时间和空间的限制去交流，因此动物的"语言"不具备移位性。

二、关于文化

（一）文化的定义

“culture”一词来源于拉丁文“cultura”，原意是“耕作、培养、教育”。“culture”一词的基本含义包括两个方面：在物质活动方面意味着耕作，而在精神修养方面的含义则涉及宗教崇拜。随着社会以及近代科学的不断发展，尤其是文艺复兴、地理大发现和宗教改革的推动，人们对形形色色文化的区分以及对文化内涵和外延的研究产生了浓厚的兴趣，并赋予“文化”新的内涵，使文化成为人们专门探讨的一门学问。

关于文化的定义，中外学者有着各自不同的看法。下面我们就列出一些具有代表性的观点，以做参考。

1. 外国学者的观点

英国文化人类学家爱德华·泰勒（Edward Tylor）在《原始文化》（*Primitive Culture*, 1871）一书中首次将文化作为一个概念提出来，指出“文化是一种复杂体，它包括知识、信仰、艺术、道德、法律、风俗以及其余社会上学得的能力与习惯”。

英国社会人类学家马林诺夫斯基（Malinowski）则认为，文化是一种具有满足人类某种生存需要的功能的“社会制度”，是“一群利用物质工具而固定生活于某一环境中的人们所推行的一套有组织的风俗与活动的体系”。

以上两种观点得到了人们的广泛推崇。但除此以外，也有不少其他学者提出了较为全面、合理的观点。

美国学者戴维·波普诺（David Popenoe）就曾对文化下了一个比较全面的定义，他认为文化应由三个因素构成：“①符号意义和价值观——这些都用来解释现实和确定好坏、正误标准；②规范准则——对在一个特定的社会中人们怎样思维、感觉和行动的解释；③物质文化——实际的和人造的物体，它反映了非物质的文化意义。”

美国学者波特和萨莫瓦（Porter & Samovar）指出，“文化是一个大的人群在许多代中通过个人和集体的努力获得的知识、经验、信念、价值、态度、角色、空间关系、宇宙观念的积淀，以及他们获得物质的东西和所有物。文化表现于语言的模式以及活动和行为的样式，这些模式和样式是人们适应性行动和交际方式的样板，它使得人们得以在处于特定的技术发展阶段、特定的时间、特定的地理环境的社会里生活”。

2. 中国学者的观点

“文化”一词在汉语中古已有之。“文”的本义指各色交错的纹理，有纹饰、文章之义。《说文解字》称：“文，错画也，象交文。”在这里，“文”就是指各种象征符号以及文物典章、礼仪制度等。而“化”本义是交易、生成、造化，如《易·系辞下》中的“万物化生”。“化”的引申义为改造、教化、培育等。

西汉以后，“文”与“化”合并成为一个词语。西汉刘向《说苑·指武》中记载：“圣人之治天下也，先文德而后武力，凡武之兴，为不服也，文化不改，然后加诛。”此句中的“文”和“诛”是两种根本不同的治理社会的手段。这段话的意思是：圣人治理天下，先施以文德教化，如不奏效，再施加武力，即先礼后兵。此后，“文化”一词的用法延至后世，并进一步引申出多种含义，分别与天造地设的“自然”相对，或者与无教化的“质朴”“野蛮”相对，取其人伦、人文之义。

我国《辞海》（1989）对文化的定义是：“文化广义指人类社会实践过程中所获得的物质、精神的生产力和创造的物质、精神财富的总和；狭义指精神生产力和精神产品，包括一切自然科学、技术科学、社会意识形态。有时又专指教育、科学、文学、艺术、卫生、体育等方面的知识与设施。”

3. 小结

综合上述观点可以看出，文化是历史的结晶，是通过积累逐渐形成的，是人类在社会实践中创造出来的精神和物质财富。我们从中还可以了解到，文化的定义有广义与狭义之分，广义文化包括精神文化和物质文化，而狭义文化仅指精神文化。

（二）文化的特征

1. 共同性

文化是人类改造自然、改造社会的实践活动在物质、精神方面取得成果的总和。文化是全人类所共同创造的，又为全人类所享有、继承，因而文化具有人类共同性。物质文化以物质实体反映人对自然界进行的利用和改造，因而具有非常明显的人类共同性。不仅物质文化具有人类共同性，在不同社会环境中形成的制度文化、行为文化、心态文化，彼此之间也具有可借鉴性。例如，科学技术发明、科技产品以及先进的管理方式等，已经成为全人类共有的文化；具有永恒生命力的文学艺术作品，会受到东西方人们的普遍欢迎和喜爱，如西方莎士比亚的作品、我国曹雪芹的《红楼梦》等文学艺术作品受到古今中外读者的喜爱；一些净化生存环境、维护公共卫生等的社会公德与行为规范也普遍得到人类接受。

2. 传承性

文化要想存在和延续下去，前提就是文化的相关要素和信息具有传承性和继承性。正如布瑞斯林（Brislin，1993）所说，“如果某些价值观已存续多年并被认为是社会的核心理念，则这些价值观一定会代代相传下去”。文化之所以具有传承性，是因为文化具有可传承的内在需求和价值。无论是知识文化还是交际文化，无论是物质文化还是精神文化，都具有某一民族思想的结晶和经验的总结，对后人有着巨大的意义，是人们的一笔巨大的精神财富。也正因为文化的这种重要性，也使得文化具有可传承的可能性。

3. 时代性

不同的时代有着不同的文化，这是因为任何文化都是在历史发展演变的过程中产生的。原始人驯养动物、种植植物、创造文字，引导远古人类进入古代文化的发展时期，创造了原始文化；蒸汽机的发明、产业革命的完成，促使人类进入近代文化历史阶段，催生了资本主义文化。文化的依次演进实际上是一个“扬弃”的过程。也就是说，文化的不断发展，实际上是对既有文化进行批判、继承和改造的过程。在某些历史时期看来是先进的文化，在后来的历史时期就失去了先进性，成为落伍、落后的文化，并且被更为先进的文化所取代。

文化发展的基本趋势是随着时代的前进而不断进步的，但是在某个历史阶段上也会出现文化“倒退”的现象。例如，我国明清时期“文字狱”对文化的禁锢；欧洲黑暗的中世纪对文化的专制。但是，这只是文化发展过程中的暂时现象，不会改变文化随着时代的发展而不断进步的历史趋势。

4. 变化性

随着时间的推移，世界的每一天都在发生变化，与之紧密相连的文化不可避免地受其影响，所以也随之发生变化。虽然文化在不断发展，但文化的有些方面，如行为交往方式、思维模式、价值取向等，还是相对稳定、不易改变的。例如，有学者曾对美国的价值观进行过一次调查研究，结果表明，美国 20 世纪 90 年代的大多数文化价值观与两百多年前相比并没有发生多大变化。正如戴维斯（Linell Davis）曾指出的那样，“所有文化都是动态的而非静止的。它们在社会历史事件的冲击之下，通过与其他文化的接触交往而不断地变动着、进化着。行为举止与社会习俗的变化可能发生的较为快速，而基本模式与价值观、世界观以及意义系统方面的变化往往发生的较为缓慢”。

5. 民族性

斯大林（Stalin）指出，“一个民族，一定要有共同的地域，共同的经济，共同的语言及表现共同心理的共同文化”。这里所说的共同地域、共同经济、共同语言、共同心理，都是重要的文化元素。虽然文化的共同性决定了某些文化能够为全人类所有，不过文化首先是民族的，其次才是人类的。实际上，就文化的产生与存在而言，文化原本都是民族的。民族是一种社会共同体，因此越是古老的社会，文化所具有的民族性就越鲜明。每个民族都有能够体现本民族特色的文化。例如，蒙古族善骑马射箭，新疆维吾尔族能歌善舞等。

三、语言与文化

长期以来，学术界对语言与文化的关系一直争论不休。这是因为，语言与文化之间的关系十分复杂，忽略任何一方面都会导致我们的看法不全面、不客观。因此，必须多角度、多方面辩证地去看待二者之间的关系。

（一）萨丕尔－沃尔夫假说

关于语言与文化的关系，许多学者都曾提出过自己的看法和观点，其中以美国人萨丕尔（Edward Sapir）及其弟子沃尔夫（Benjamin Whorf）提出的“萨丕尔－沃尔夫假说”（Sapir-Whorf Hypothesis）最为著名。这一假说的中心思想是语言决定思维，大意是：说不同语言的人对世界的感受和想法也不相同。因此，不同的语言结构决定了不同的世界观、不同的思维方式。该假说一经提出就引起了学术界的巨大争议，有的学者支持这一假说，有的学者认为该假说过于绝对，认为语言对思维的影响只是相对的，而非绝对的。今天，随着人们对语言学研究的不断深入，几乎没有人绝对赞同“语言决定思维方式”的观点，但也不能全盘否定该假说的正确性。因此，对于这一观点，部分承认该假说的正确性才是合理的态度。

（二）本书观点

尽管对于语言和文化关系的看法众说纷纭，但可以肯定的是，语言和文化是密不可分的。语言属于社会文化的一部分，是一种社会文化现象，同时社会文化的发展又对语言起到制约作用。正如萨丕尔曾指出的那样，“语言的背后是有东西的。并且语言不能离开文化而存在”。可见，语言和文化是不可分割的一个整体。

另外，文化包括物质文化和精神文化。物质文化中语言的作用并不明显，但语言对于精神文化的建设至关重要。精神文化需要语言来表达，需要语言来记载，语言是精神文化得以产生和发展的必要前提之一。因此，我们可以说语言本身便是文化的一个特殊组成部分。

换个角度来说，文化的发展也离不开语言，任何文化的传承和记载都是依靠语言来实现的，不同文化之间的交流和沟通也是通过语言这一手段进行的，可以说语言是文化发展的必要前提。语言的发展同样需要文化的推动，社会文化的进步可以带动语言的进步，语言体系的完善和丰富归根结底来源于文化的不断充实，如果没有文化这一动力，语言的发展恐怕将“寸步难行”。

另外，文化的发展对语言同时具有促进和制约作用。例如，随着科技文化的发展，大量新词进入了人类语言中，如“WiFi 技术”“蓝牙”“安卓”等。还有很多词语被赋予了新的内涵或词义发生了改变，如“同志”一词古时候指志同道合之人，新中国成立初期指有共同信仰的人，现在还可以指同性恋者。由此可见，文化因素是语言演变的主要动力。

第二节　文化与翻译的关系

一、关于翻译

（一）翻译的定义

翻译工作无论是在我国还是在西方，都可谓历史悠久、源远流长。语言学家、翻译家、翻译理论家等纷纷对翻译进行定义，有的认为翻译是一项活动，有的认为翻译是一门艺术，也有的认为翻译是一门科学。这里主要通过中外学者给出的翻译的不同定义，来了解翻译这一概念。

1. 外国学者的观点

英国著名语言学家和翻译理论家卡特福德（J.C. Catford）认为，翻译是用一种等值的语言（译语）的文本材料去替换另一种语言的文本材料。卡特福德认为翻译主要是两种存在状态，一是源语即译出语，一是目标语即译入语。

美国翻译理论家尤金•奈达（Eugene A. Nida）认为，翻译是指从语义到文体在译语中用最切近而最自然的对等语再现源语的信息。

苏联翻译理论家巴尔胡达罗夫（C. Barkhudarov）认为，翻译是把一种语言的言语产物，在保持内容也就是意义不变的情况下，改变为另一种语言产物的过程。

2. 中国学者的观点

许慎在《说文解字》中曾把翻译解释为："翻：飞也。从羽，番声。或从飞。"用现代汉语翻译就是"翻"意为飞，形声字，羽为形符，番为声符。而"译"的解释则是："译：传译四夷之言者。从言，睪声。"用现代汉语翻译即是："译"指翻译，即将一种语言文字翻译成另一种语言文字的人。形声字，言为形符，睪为声符。

茅盾认为，文学翻译是用一种语言，把原作的艺术意境传达出来，使读者在读译文的时候能够像读原作一样得到启发、感动和美的感受。

张培基认为，翻译是运用一种语言把另一种语言所表达的思维内容，准确而完整地重新表达出来的语言活动。

方梦之认为，翻译是按社会认知需要，在具有不同规则的符号系统之间所做的信息传递过程。这一定义具有高度的概括力。此外，方梦之在其主编的《译学词典》中认为，"翻译"一词具有五个义项：翻译过程；翻译行为；翻译者；译文或译语；翻译工作（专业）。

3. 小结

从以上中外学者对翻译提出的各种不同的定义，我们可以看出，翻译从表层上看是一种语言间的文字转换活动，包括以下三个特征。

①在信息和风格上要力求使翻译作品与原语言作品等值。

②这种等值应是尽可能地接近，而不是机械地生搬硬套，即一味追求形式上的对等，从而牺牲某些更重要的东西。

③要注意不同体裁的作品在各个方面的诸多不同，不能千篇一律，也就是必须注意各种文体在个性上的差别。

而从深层上看，翻译是一种文化行为，是两种异质文化的碰撞、交流、对话、融合、引进和改造，也是文化交流的中介和桥梁。

（二）翻译的过程

翻译是理解原文并创造性地运用另一种语言再现原文的过程，也是一种有别于任何其他语言活动的思维过程。概括来说，翻译包括三个阶段：理解阶段、表达阶段和校改阶段。下面就对这三个阶段分别进行论述。

1. 理解阶段

正确透彻地理解原文是译文恰当而充分地表达原文的前提。不理解原文，翻译也就无从说起。

（1）理解语言现象

①理解词汇含义。英语中存在很多一词多义的现象，同一个词在不同的语言环境中往往有不同的含义。因此，在翻译过程中除了要注意词的一般意义，还要注意词在具体语境

中的引申含义。例如，英语“deep”一词的基本含义是“深的”，但在实际运用中，它还有许多其他含义，如“deep in study”（专心学习）、“a deep voice”（低沉的嗓音）、“deep red”（鲜红色）、“deep sleep”（酣睡）、“a deep thinker”（知识渊博的思想家）等。因此，我们在翻译时一定要理解词汇在具体语境中的准确含义，这样才能做出准确的翻译。例如：

Sometimes you might think the machine we worship make all chief appointments, promoting the human beings who seem closest to them.

有时你可能认为，一切重要的官职都是由我们所崇拜的当权人物任命的，他们提拔那些似乎与他们最亲近的人。

如果将原文中的“machine”理解为“机器”，译文会令人难懂且不符合逻辑。因为句中的代词“them”指代“machine”，这就说明“machine”一词在句中是一集合名词，而根据句中的动词“make”和“promoting”引导的分词短语这一具体的语境，说明“machine”一词在此处是有生命的、有思想的，意为“核心人物”或“当权人物”。

I hate to see a story about a bank swindler who has jiggered the books to his own advantage because I trust banks.

因为我信任银行，所以我讨厌看到银行诈骗犯篡改账目、损人利己的报道。

在翻译原句时，根据上下文，不能将原句中的“story”译为“故事”，而应理解为“报道、新闻或新闻报道”之意；不能将原句中的“books”译为“书本”，而应理解为“账目”的意思。

②理解句法结构。英汉两种语言属于不同的语系，汉语属于汉藏语系，英语则属于印欧语系，且英汉两个民族在思维方式上也不同，这就导致英汉句子结构存在很大的差异。在表达同一个意思时，英语和汉语有时会采用不同的句法结构。因此，在翻译时，译者需要认真理解原文中的句法结构，并进行仔细分析。例如：

It will strengthen you to know that your distinguished career is so widely respected and appreciated.

当您认识到您的杰出事业是如此广泛地受到人们的尊敬和赞赏时，您就会为自己增添力量。

原句引自美国前总统理查德•尼克松（Nixon）1972 年写给病危中的美国著名记者埃德加•斯诺（Edgar Snow）的慰问信。对这句话的翻译应首先正确分析句子结构，否则容易引起表达错误。如果把该句误译成“这样会使您更加认识到，您的杰出事业是如此广泛地受到人们的尊敬和赞赏”，就是把不定式短语“to know that...appreciated”错误地当作“will strengthen”的状语短语，没有看出这个不定式短语是句子的主语，由先行词“It”作代表。

There was no living in the island.

那岛不能居住。

要想正确翻译原句，需要准确理解英语中句型“there is no+ 动名词”的意思，这一句型实际上相当于“we cannot+ 动词原形”或“it is impossible to do...”。因此，如果译为“那岛上无生物”就是错误的。

③理解惯用法。经过长时间的使用，英语和汉语中都产生了很多习惯表达方式，或习

语。虽然这两种语言中有一些习语的表达形式和意义是相似的，但是也有很多习语在形式和意义上是不相同的。因此，在翻译中，我们就要对英汉中的习惯用语有所了解，准确理解习惯用语的意义，提高翻译质量。例如：

Tom is now with his parents in London；it was already four years since he was a teacher.

汤姆现在同父母住在伦敦市；他不做教师已经四年了。

译者如果不理解原文中“since”在这种情况下的惯用法，即“since”从句中的过去式联系动词“was”或“were”是指一种状态的结束，那么就很容易将原文译为“汤姆现在同父母住在伦敦市；他做教师已经四年了”，这样便和原文想表达的意思完全相反。

What the strikers want is that the dismissed men should be reinstated. Until they are，they say they won't get round the table with anybody.

罢工者的要求是被开除的人必须复职，他们宣称，不复职就不同任何人进行谈判。

如果将原文中的“get round the table”译为“绕着桌子转”，就使人不知所云，在这里是“坐下来谈判以找出解决问题的办法”的意思。

（2）理解逻辑关系

为了更透彻地理解原文，译者往往还必须理解原文的逻辑关系。有时原文里的一个词、一个词组或一个句子可能有几种不同的意思，就得仔细推敲，分析来龙去脉，估计实际情况，根据逻辑推理来决定哪一种是确切的译法。逻辑关系有时可以帮助我们理解按原文语法关系所不能理解的问题。例如：

His body was perfect，alive with easy suppleness and health and strength.

原译：他的身体十全十美，肌肉柔软，强健有力，显得生气勃勃。

改译：他的身体条件极佳，柔韧灵活，强健有力，充满活力。

原译文中“肌肉柔软”和“强健有力”显然有矛盾之处，不符合逻辑。这是因为对“easy suppleness”的理解有误。“suppleness”可以指“柔软、灵活”，或者“柔韧、易弯”。在原文中，该词应指身体的灵活、柔韧，而不是肌肉的柔软。

中美两国经济上的相互依存不断加强，经贸关系已成为中美关系的稳定器。

As the economies of China and the United States have become increasingly interdependent, economic and trade relationship has functioned as a stabilizer for relations between the two countries.

原文两个句子在逻辑上是“因果关系”，即“依存不断加强”是“成为稳定器”的原因。这种关系在英语中需要靠表示因果关系的连词“as/since”表现出来。

（3）理解文化背景知识

翻译是不同文化的移植，是把一种语言转化为另一种语言的行为，是两种文化的交流。王佐良先生认为，翻译者必须做一个“真正意义上的文化人”。因此，翻译时，要充分考虑目的语文化和源语文化的差异，准确地捕捉到源语中的文化信息，对两种文化之间的转换进行巧妙的处理，尽可能做到把原文的信息忠实、准确地传达出来。例如：

South African leopard-spot policy came under fierce black fire...

南非实行的“豹斑”式的种族隔离政策受到了黑人的猛烈抨击……

这里的“leopard-spot”（豹斑）现已成为一个专门术语。“豹斑”这一概念形成于20世纪60年代中期，当时南越人民武装力量在战区后方建立了许多小块根据地，美方军事地图上就此标有“豹斑”状异色表示区。以后“豹斑”这一军事术语又被转用为政治术语，指白人种族主义者把黑人强行驱入若干小块地区居住的种族隔离政策。因此，理解原文所涉及的事物同样也是理解阶段非常重要的部分。

让我们携起手来，高举和平共处五项原则的旗帜，为世界和平与发展的崇高事业做出新的贡献。

Let us hold our hands together，hold high the great banner of the Five Principles of Peaceful Coexistence，and make fresh contribution to the lofty cause of world peace and development.

译文极易造成读者头脑中的形象冲突：既要把手握在一起，又要（用手）举起大旗，这有悖于常理，于是译文丧失了连贯。

2. 表达阶段

表达是实现由源语到目的语信息转换的关键。在表达阶段，译者要了解源语和目的语在表达方式和文化上的差异，以使译文忠于原作，且符合译入语的表达习惯。此外，译文还要恰当地再现原文的风格。具体来讲，翻译时译者需要在以下四个层次上对原文和译文负责。

（1）自然层次

自然层次是对译文行文的基本标准。对所有类型的文本，译文都必须自然流畅，符合译入语的习惯。只有极少数例外的情况，初学翻译的人常常可能译出很别扭的译文来，除了本身文字功底尚欠火候之外，主要是过于拘泥原文，选词用字照抄词典，不顾上下文是否合适，过于拘泥原文的句子结构，如词序等。例如：

The men and women throughout the world who think that a living future is preferable to a dead world of rocks and deserts will have to rise and demand，in tones so loud that they cannot be ignored，that common sense，humanity，and the dictates of that moral law which Mr. Dulles believes that he respects，should guide our troubled era into that happiness which only its own folly is preventing.

译文1：希望有一个可以活下去的世界而不要一个到处是岩石和沙漠的死亡的世界的各国男男女女，必须起来用一种人们不能置之不理的洪亮声音大声疾呼，要求让理智、人道和杜勒斯先生所说他所尊重的道义原则，来引导这个多事之秋的时代进入只有时代本身的愚蠢在阻止人们达到的幸福境地。

译文2：充满生机的未来世界胜于遍布岩石和沙漠的荒野，凡持此观点的世人，都应该行动起来，用无比洪亮的声音唤醒众人：正是我们今天的愚蠢做法在阻碍着人类走向幸福，我们必须依靠理智、仁慈，以及杜勒斯先生所倡导的道义原则，来引导这个动乱的时代迈入幸福的天堂。

原文一句话长达71个单词，其中套着三个定语从句、三个宾语从句和一个状语从句。译文1没有分好层次，译文显得十分生硬，仅主语就达40字之多，表达十分笨重。译文

2 分清层次，将句式做了调整，就清爽了许多。

（2）文本层次

文本层次是指原文的字面意义。原文既是翻译活动的起点，也是终点，任何翻译都不能离开原文。但是，即使是同一个意思，原文表达的方法不同，翻译时所应采取的策略、译文表达也会不同。有时即使是用一个词也会有不同的译法。例如：

She is the last woman to come.

她是最后一个来的。

She is the last woman to do it.

她绝不会干那件事的。

以上两个例句中的“last”虽然都取其“最后”的含义，但翻译出来的说法却并不一样。第一句可以直接翻译成“最后”，第二句则要取“last”的“最不可能做某事”的含义，这样译文才能更加准确、清楚。

另外，英汉语言文字本身就存在很大的差别。翻译时，译者如果逐字逐句按照原文字面含义翻译，就可能产生不符合译入语习惯的，甚至是错误的句子。例如：

In the old days，Beijing was hot on rhetoric but cool toward everything else.

译文 1：在过去的日子里，北京在言辞上是热的，而对其他一切事情却是冷的。

译文 2：过去，北京总是言辞激烈却处事冷静。

译文 1 紧贴了原文的语义结构，结果却是词不达意，严重偏离了原文的思想内容。译文 2 摆脱原文字面的束缚，灵活变通，按译文的习惯突出表达原文的实质内容。

（3）黏着层次

黏着是指语篇中句子之间的衔接。具体到英汉两种语言来说，二者在语法、词序上有很大的差别。另外，英语多长句，句中经常包含很多从句；汉语多短句，句中也少有衔接词汇。这些差别都要求译者必须注意调整译文结构，使译文成为一个符合目的语读者表达习惯的连贯整体。例如：

The English arrived in North America with hopes of duplicating the exploits of the Spanish in South America，where explorers had discovered immense fortunes in gold and silver. Although Spain and England shared a pronounced lust for wealth，differences between the two cultures were profound.

原译：英国人抱着和西班牙人开拓南美洲一样的动机来到北美洲，西班牙的探险者在南美洲发现了大批金银财宝。虽然西班牙和英国都同样明显地贪图财富，但是两国的文化却存在着很大的差异。

改译：当年西班牙探险者在南美洲发现了大批金银财宝。英国人来到北美洲的动机也如出一辙。尽管两国对财富的贪欲同样强烈，但是两国在文化上却存在着巨大的差异。

本例原文的第 1 句含有一个定语从句，原译将它拖在主句的后面。结果两个句子之间的衔接显得非常别扭，整个段落支离破碎。改译中根据汉语习惯，按时空顺序组织句子的规律，将原文中的定语从句译成汉语后放在主句之前，这样整个段落就比较连贯了。

（4）所指层次

所指层次指译者对原文所指意义的把握。但是，有时候，原文的字面意义并不是很清楚，译者必须透过这层文字的表象，抓住文字的本质，并用译入语把它们准确地描绘出来。这时，由于英汉两种语言的差异，译入语的文字和原文就可能存在着一定的距离。例如：

（scene：at the ball）

A：You alone here?

B：I'm saving myself for you.

原译：

A：你一个人？

B：我在为你救我自己。

改译：

A：你一个人？

B：我在等你呀。

原文是舞会上的一问一答，其中回答者口中的"save"并不是"营救"的意思，因为根据场景他显然不存在任何危险，而是"把自己省下来不和别人跳舞，而和你跳舞"的含义。但由于汉语中没有与之完全对等的词，所以只好将这句话中的幽默味道省去，直接将实际含义翻译出来。

3. 校改阶段

校改阶段是翻译的最后一个阶段。译文不论翻译得多好，难免会有疏忽和错漏的地方，因此需要认真校改加以补正。校改实际上是对原文内容的进一步核实，以及对译文语言进一步推敲和完善的阶段。因此，校改并不是简单地改错，译者必须认真对待这一环节。校改阶段主要完成两个任务：一是检查译文是否精确，二是检查译文是否自然简练。在校改阶段应注意以下几个方面。

①审校人名、地名、数字和方位是否有错误。

②审校译文中大的翻译单位，查看有无错漏、误译或欠妥之处。

③审校专业术语是否正确。

④成语以及其他固化的表达结构，包括各种修辞手法和修辞习惯。

⑤校正错误的标点符号，使其符合目的语的语言规范。

⑥力求译文没有冷僻罕见的词汇或陈腔滥调，力求译文段落表达自然、简练。

通常来说，译文必须校改两遍以上。第一遍着重校核内容，第二遍着重润饰。润饰是为了去掉初稿中的斧凿痕迹，即原文对目的语的影响或干扰，使译文自然流畅，更符合目的语的习惯。通常的做法是先抛开原文，以地道的目的语的标准去检查和衡量译文，并进行修改和润饰。如果时间允许，再把已校核两遍的译文对照原文通读一遍，进行最后一次的检查、修改，务必使所有问题都得到解决，这样译文才算是定稿。此外，如果条件许可，最好能请别人挑挑错，因为译者本人往往受自身思维模式的束缚，很难发现自己的错误。译者还可以在校改完之后将译文放置几天，再拿出来看时或许也会发现一些之前没发觉的问题。

二、文化与翻译的关系简述

美国翻译理论家奈达曾在其著作《语言、文化与翻译》（*Language，Culture and Translating*）一书中指出，“对于成功的翻译而言，双关能力比双语言能力更加重要，这是因为只有从它们所赖以生存的文化的角度去考察才真正具有意义”。由此可以看出，翻译与文化是紧密相连、互相影响的关系。一方面，翻译可以促进和丰富文化；另一方面，文化又促进并制约着翻译。

（一）翻译促进、丰富文化

翻译作为一种跨文化交际行为，通常担负着传播文化、丰富文化的使命，这也是翻译的意义与价值所在。翻译不仅促进与丰富了译入语文化的发展，也促进了不同文化之间的传播与交流。语言作为文化的代码，不仅具有认知表达功能，还有储存文化信息和传播文化的功能。当人们用文字来表达某种思想或叙述某种事物时，它不单是知识的传播，也是文化的传播，并且是多维文化的传播。而通过翻译这一中介，世界各地的文化得以传播、交流、融合，碰撞出新的火花，焕发出新的生机。下面就以新词的产生和文学的发展两个方面为例，对这一点进行举例说明。

随着我国改革开放、加入世贸组织等一系列步伐的持续和深入，汉语同英语之间的交流也达到了空前的深度与广度，其中最明显的体现便是外来新词的不断产生与涌入。例如:

DVD 影碟	AA 各付各账
WTO 世界贸易组织	VIP 贵宾
cool 酷	taxi 打的
show 秀	e-mail 电子邮件
coffee 咖啡	party 派对
ID card 身份证	honeymoon 蜜月
cold war 冷战	credit card 信用卡
olive leaf 橄榄枝	blue print 蓝图
black market 黑市	tower of ivory 象牙塔

以上这些词语或是音译的结果，或是在中西交流中语义引申的结果，再或者是外来词异化翻译的结果，无论哪种，它们都已为人们所接受，成为汉语表达的一部分，从而使中国的语言文字有了新的发展，也使得我们开始更为精确地表达在本土文化中本不存在的事物或现象。

在西方文化传入中国的同时，中国传统文化也传入了西方，并对世界产生了广泛的影响。今天，很多外国人都知道了中国的太极拳、少林寺、武术；了解了中国的节日习俗；认可了中国人名的表达方式，如跨栏飞人叫刘翔（Liu Xiang）而不是 Xiang Liu，篮球名将是姚明（Yao Ming）而不是 Ming Yao。

就文学来说，中国文学在 1890—1919 年经历的一次翻译高潮对我国文学发展产生了以下三个方面的重要影响。

①大量的外国文学尤其是外国小说被介绍给中国读者。这使中国传统的知识分子开始承认小说的独特价值，并将之纳入文化领域，使其置身于诗词古文作品之间。

②小说的翻译改变了我国传统的写作技巧——西方小说注重心理描写以及细腻的景色描写打破了我国传统的重意境渲染的文学写作风格一统天下的局面，对文学写作的多样化产生了巨大影响。

③文学翻译还改变了旧有的文学观念，引入了新的思想内容，对我国新诗、话剧、白话小说的诞生与发展产生了巨大的作用，直接促进了我国文学发展的现代化。

（二）文化促进、制约翻译

1. 文化影响翻译形式

文化的强势与否对翻译形式有着不可避免的影响。这里所谓的文化强势和弱势既指某一文化领域的强与弱，也指文化整体上的强与弱。翻译什么样的作品、如何翻译，既受译者本身文化身份的影响，也视文化环境和文化背景而定，特别是受强势文化的制约。翻译本身就是一种具有一定目的性和倾向性的文化活动。因此，翻译的对象经常是那些强势文化下的材料，这样翻译出来的作品才有更多的人愿意看。这一点在两种语言的对译中尤为显著，在文学作品的对译中反映得更加明显。

例如，在历史上，罗马人征服希腊后，带着一种“胜利者”的心态，把希腊作品视为一种可以由他们任意宰割的“文学战利品”而对其进行随意翻译。

再如，在我国晚清西学东渐的背景下，《圣经》的翻译者就以来华传教的传教士为主体。面对晚清社会的落后与衰败，他们认为自己有义务拯救中国，拯救在他们眼中愚昧、未开化的中国人。但事实上，即使是这种“善意的行为”也是对我国民族进行的政治上与文化上的渗透。

2. 文化影响翻译过程

美国语言学家爱德华•霍尔（Edward T. Hall）认为，“翻译不仅是两种语言体系的接触，而且是两种不同文化的接触，乃至是不同程度的文明的接触。翻译过程不仅仅由语言因素所决定，而且还由社会因素和心理因素所决定。”由此可以看出，翻译不仅仅是两种语言之间的转换，也是形式的转化，更是文化的转换。换句话说，翻译在语言转换的过程中要把整个交际语境考虑在内，同时又能允许读者以一种他们认为是自然而又妥当的方式对译文做出回应。这里的交际语境指的就是文化因素。一方面，文化是共同性的，任何文化之间都会有一定的重叠，这也是翻译的基础；另一方面，文化也是多样性的，大多数的文化意义是存有差异的，这便是翻译的难点。

概括来说，翻译可以分为两大阶段：理解和表达。理解是翻译精准、得当的前提，表达是落实这一标准的实际行动。而无论在理解阶段，还是在表达阶段，译者都必须结合文化因素来思考和选词造句。例如，一篇文章对读者所传达的不仅是文字知识，还包括其在特定社会条件下所形成的独特的文化信息，如民族情感、个人情感、生活态度、风俗习惯等。因此，如果译者仅从文字的表面推敲，就很难准确理解原文的精神实质，自然译文也难以再现原文的神韵。这就需要译者准确分析和翻译原文的文化意义，但由于译者本身也是一个文化个体，虽然他可能并没有意识到，但他确实正受到自身文化取向和文化身份的影响。因此，无论译者在翻译时再怎么努力摒弃主观因素，也抛不掉自己身上的文化烙印，这种烙印根深蒂固，其影响会贯穿整个翻译过程的始终。

第三节　文化差异对翻译的影响

通过前面的介绍可以推断，文化差异必然会给作为跨文化交际中一个重要形式的翻译带来极大的影响。根据奈达对翻译中的文化因素所做的分类，下面我们就结合实例，分别从语言文化、社会文化、物质文化、宗教文化和生态文化五个方面来分析中西文化差异对英汉翻译的影响。

一、语言文化差异对翻译的影响

语言不仅是文化的重要组成部分，也是文化的载体。英汉两种语言的词汇、句法、习语、修辞等都具有独特的特点。这些特点对翻译有着最为直接的影响。下面就来研究这些差异对翻译的影响。

（一）词汇方面

词汇含义的部分重合或字面含义相同、实际 / 文化含义不同的现象十分常见。例如，汉语中的“宠儿”是指被他人特别宠爱的孩子；而英语中的“favorite son”指的却是被自己州所拥护的政治候选人，如果译者不了解这点不同，就可能产生误译。由此可见，在翻译的过程中了解词汇的深层文化内涵非常重要。例如：

It was Saturday afternoon，and the landlady was cleaning the stairs.

那是一个星期六的下午，女房东正在打扫楼梯。

在英国，常有人将房屋分间进行出租，这样的人通常被称为“landlord”或“landlady”。如果不了解这一文化背景知识，则很有可能将“landlady”错译为“女地主”。

（二）句法方面

在句法上，汉语造句注重意义连贯，句子形式可根据表意需要加以变通，较为随意，即汉语重意合。相比之下，英语造句对结构有着严格的要求：句子不仅要完整，还要注重形式接应，句子的形式严格受到语法的制约，即英语重形合。因此，在句子翻译层面上，译者必须考虑到英汉句子衔接方式的不同，从而使译文更加符合目的语表达习惯。例如：

种瓜得瓜，种豆得豆。

As you sow，so will you reap.

本例汉语表达中并无任何连接词，但却很好理解。而英语句却需要靠“as”和“so”来表达衔接前后，表明逻辑关系。由此即可看出汉语重意合，英语重形合的特点。

除了形合、意合的差异外，英汉句子在主语表达上也存在差异，英语习惯用非生物名词作主语，而汉语习惯用生物名词作主语，所以在翻译的时候要注意对主语进行位置上的调换。例如：

It is believed that his performance is best.

人们认为他的表演最好。

Not a sound reached our ears.

我们没有听到任何声音。

（三）习语方面

习语是一个民族文化的积淀和人民智慧的结晶，有着明显的民族性，因此英汉两种语言中的习语也存在着很多形似而意悖的现象，所要表达的意思与其字面意思往往没有直接的关系。因此，习语的翻译往往要求译者对习语本身有一个十分透彻的理解，否则就很容易产生误译。例如：

He is the man who always wears two hats.

从字面上理解，“wears two hats”可译为“戴两顶帽子”，但如果这样翻译，读者会对译文不知所云。其实，这一习语是“一心二用”的意思，如果了解了这一含义，上句的翻译就不会出现错误了。因此，此句可译为“他这个人总是不专心”。

（四）修辞方面

修辞是语言表达艺术化的一个重要方法，在文学作品和日常生活中多有涉及。很多修辞格虽然同时存在于汉语和英语中，但在具体使用上总是存在或多或少的差异。这些差异就对翻译造成了不小的障碍。例如：

“...you had got to the fifth bend，I think?”

“I had not!”cried the Mouse，sharply and very angrily.

“A knot!”said Alice，“Oh，do let me help to undo it.”

（Lewis Carroll：*Alice's Adventures in Wonderland*）

“……你说到了第五个弯儿了，不是吗？”

那老鼠很凶很怒地喊道：“我没有到！”

爱丽丝道：“你没有刀吗？让我给你找一把罢！”

（赵元任 译）

本例原文利用“not”和“knot”这两个谐音单词制造出双关修辞，贴切地表现了爱丽丝的心不在焉，达到了幽默的效果。一般来说，双关几乎是不可翻译的，因为汉语中很难找到合适的词与英语单词谐音。但赵元任先生利用“到”和“刀”这两个谐音汉字也制造出了双关修辞，再现了原文的语言特色，实属佳译。

总而言之，由于英汉两种语言所属语系不同，语言表达习惯、形式等都有巨大的差异。

这就要求译者必须熟悉和灵活处理这些差异，将原文的语言风格、文化内涵原汁原味地呈献给读者，这样才能译得准、译得好。

二、社会文化差异对翻译的影响

社会文化错综复杂，包罗万象，一个民族的历史、政治、经济、风俗习惯、价值观、思维方式以及社会活动的特点和形式等都是社会文化的表现。与其他文化相比较，社会文化差异对翻译所造成的影响更大一些。以下就针对几种英汉社会文化表现差异对翻译的影响进行简要介绍。

（一）价值观念

汉语社会文化价值观推崇谦虚，在文章中经常可以看到“鄙人、犬子、拙文”等谦辞。而英语社会文化则推崇个人表现，展现个人的自信，故很少有这类自谦的用词。

（二）思维方式

相对而言，中国人重具象思维，对事物的描述和表达都尽可能地具体，而英美人重抽象思维，擅长用抽象的表达描述具体的事物。因此，英语科技文章中多概括、笼统的抽象名词，而汉语文章中多具体词语。在翻译这些具体词语时，如果生硬直译，必然会使译文晦涩难懂，因此需要将英语中的大量抽象名词具体化，以使译文符合英语表达习惯。例如：

Is this emigration of intelligence to become an issue as absorbing as the immigration of strong muscle?

脑力劳动者移居国外是不是会和体力劳动者迁居国外同样构成问题呢？

本例原文中的“intelligence”一词原意为“智力，理解力”，“muscle”的原意为“肌肉，体力”。但译文并没有进行死译，而是灵活地将它们译为了“脑力劳动者”和“体力劳动者”。很明显，将抽象名词具体化以后，译文就更容易理解了。

（三）风俗习惯

风俗习惯涵盖的范围很广，称呼、寒暄语等都属于风俗习惯的范畴。中西方风俗习惯上的差异也要求翻译者必须综合考虑源语文化和目的语文化，灵活进行翻译，不能将源语文化“生拉硬拽”至目的语中，否则译文就得不到目的语读者的理解和接受，达不到文化传播的目的。

在称呼方面，英语中的亲属称谓只有 dad、mum、grandpa、aunt、uncle 等为数不多的几种表达，而且多数情况下人们经常直呼其名。但中国素有“礼仪之邦”之称，称谓尊卑有别、长幼有序，区分得十分严格，有时一个称谓不止一种叫法，如“妻子”，英语中只有“wife”一种叫法，但汉语中则有“老婆”“爱人”等多种称呼。因此，在翻译的过程中遇到这种情况时，译者需要根据上下文推断，来弄明白文中人物的亲属关系，从而确定具体应该翻译成汉语中的何种称谓。

在寒暄语方面，中国人见面打招呼时常说“你要去哪儿？”“你吃饭了吗？”，类似这样的话语只不过是礼节性打招呼的一种方式，并无深意。然而西方人对这几句话却非常敏感，如果翻译时直译容易令他们不知所措甚至有可能引发冲突。因此，要视具体情况做出相应的客套话的转换，改用英语惯用语“Good morning!”“Hello!”或者“How are you?”等。中国人在至爱亲朋之间，很少用“请”“谢谢”之类的用语，不是外人，无须那样客套，若多用反而见外。可是在英语文化中“thank you”“please”“excuse me”等却常不离口，即使在夫妻之间、父母与子女之间，好朋友之间也要不厌其烦地使用。

在祝贺、赞扬、道谢等方面，英汉民族的习惯也基本不同。英美人士听到他人对自己的赞美时，通常会接受赞美，并表示感谢，而中国人面对赞美常表示自己受之有愧。

三、物质文化差异对翻译的影响

物质文化包含的内容非常丰富，涉及人们生活中的衣食住行用各个方面，如饮食、日用品、服饰着装、生产工具和设施等。中西方的物质文化有着巨大的差异，这些差异给翻译带来了不小的困难。

就饮食习惯而言，西方人常以蛋糕、面包等为主食，而中国人主要吃大米、面食等。因此，如果将“a piece of cake”按汉语的习惯译文“蛋糕一块儿”，肯定会令人费解。因为蛋糕是英美人生活中极为常见的东西，制作蛋糕和吃蛋糕都是小事一桩；而对中国人而言，尽管蛋糕并不是稀有的东西，但却很少自己制作，制作起来也有一定困难，因此将其译为“小菜一碟儿”比较妥当。

就服饰着装而言，中西方也有着明显的差异，这些差异背后往往意味着对应词汇、表达的空缺，为翻译工作带来了巨大的困难。例如：

这个人的打扮与众姑娘不同，彩绣辉煌，恍若神妃仙子：头上戴着金丝八宝攒珠髻，绾着朝阳五凤挂珠钗；项上戴着赤金盘螭璎珞圈；裙边系着豆绿宫绦、双衡比目玫瑰佩；身上穿着缕金百蝶穿花大红洋缎窄裉袄，外罩五彩缂丝石青银鼠褂；下着翡翠撒花洋绉裙。

（曹雪芹《红楼梦》）

Unlike the girls，she was richly dressed and resplendent as a fairy.Her gold-filigree tiara was set with jewels and pearls. Her hair-clasps，in the form of five phoenixes facing the sun，had pendants of pearls. Her neck-let，of red gold，was in the form of coiled dragon studded with gems. She had double red jade pendants with pea-green tassels attached to her skirt. Her close-fitting red satin jacket was embroidered with gold butter-flies and flowers. Her turquoise cape，lined with white squirrel，was inset with designs in colored silk. Her skirt of kingfisher-blue crepe was patterned with flowers.

本例原文是对王熙凤服饰的详细描述，这些服饰可以说是中国特有的，译者有必要将中国的服饰文化介绍给英语读者，因此译者对王熙凤的服饰着装进行了细致入微的翻译。

就物品、工具、设施等方面而言，由于物质文明发展的不均衡，有些物品、工具、设施可能在一个国家存在，而在另一个国家不存在或发展不成熟，这些有着强烈地域色彩的词语就很容易导致误译。例如，西方国家汽车的使用很广泛，所以很早就有了“road-side business”。这个词语的真正含义是“汽车旅馆”“汽车电影院”“汽车饭店”，但若按字面意思理解，就容易被误译为“路边商业”。另外，“tea-shop”的字面意思虽然是“茶叶商店”，但其真正含义却是“小餐馆”。

总而言之，在翻译的过程中，物质文化差异对翻译的影响也是不容忽视的，只有了解了物质文化之间的差异，才能更好地进行翻译，进而达到不同民族间文化交流的目的。

四、宗教文化差异对翻译的影响

说到文化，一定离不开宗教信仰。基督教可以说是整个西方文化的一大源流。而在中国，佛教、儒教、道教是对中国人民影响颇深的三大宗教。中西方宗教信仰的这种差异必然会渗透到各自的语言表达当中，并影响着语言的翻译。例如：

He was in the seventh heaven last night.

原译：他昨晚在七重天。（七重天为地点名词）

改译：昨晚他很快乐！幸福至极！

很多人经常将“in the seventh heaven”与“升天”“死”的概念联系在一起。这主要是因为对其宗教含义不了解。七重天是指上帝和天使居住的天国之最高层。言外之意也就是，如果人能居于此，便是与上帝同处，自然是十分愉快的。因此，在翻译的时候一定要从“高兴”之意出发。

鉴于中西宗教文化之间的差异，译者在翻译的过程中一定要有宗教意识，要特别注意宗教文化在语言细微之处的流露，以免无意识地将自己的文化观念带到译文中，进而导致译文的错译。

五、生态文化差异对翻译的影响

“生态文化包括一个民族所处地域、自然条件和地理环境所形成的文化，表现在不同民族对同一种现象或事物采用不同的言语形式来表达。”例如，因纽特人常年生活在冰天雪地中，他们用不同的词汇表示不同状态下的雪，其语言对于雪的描写非常细致，而处在热带和亚热带地区的民族，语言当中一般不会出现特别丰富的词汇来描写雪。由此可以想见，将如此多的描写雪的词语翻译成只有少量描写雪的词语的语言是何等困难的一件事。

就英汉翻译来说，由于中国和大部分西方国家相距遥远，在地理位置、气候环境等方面都有极大的不同。这就要求译者在翻译涉及生态文化的表达时要格外注意，在忠实的前提下使译文更容易为目的语读者所理解、接受。

例如，英国是一个岛国，海洋文化是英语的一大特色，在英语中与海洋、捕鱼、航海有关的词汇及习语数不胜数。例如，“I'm all at sea.”表示一个人感到茫然；“to be in the same boat”形容处于同样的困境。而中华民族由于发源于黄河流域，距离大海较远，生态文化上属于农业文化。因此，不同的生态文化自然会在语言上表现出来。而语言的同一性又可以在翻译的过程中找到对应的表达方式。

再如，在中国，河水普遍是向东南方向流，因此有“大江东去”“一江春水向东流”“请君试问东流水”等诗句。然而在欧洲，河水大都是向西北方向流的。因此，中国的诗句“功名富贵若长在，汉水亦应西北流”（李白《江上咏》）应译为“But it sooner could flow backward to its fountains/This stream，than wealth and honour can remain.”

又如，在中国，东风是温暖的，象征着春天的到来；而在英国，东风是寒冷的，西风才是温暖的。因此，“东风”与“east wind”这两个词虽然字面含义一致，但内涵意义却截然不同。因此，中国人喜爱东风，而英国人却讨厌东风，而喜爱西风。英国著名诗人雪莱（Shelley）的《西风颂》（*Ode to the West*）就是对“西风报春”的讴歌。在翻译此诗时，应对这一地域文化差异做出注释，否则会给缺乏英国地域文化知识的目的语读者带来理解上的困难。

此外，中国自古以来有“南面为王，北面为朝”“南尊北卑”的传统，“南”的方位在说法上常常置前，所以经常说“从南到北，南来北往”。而西方人从英语地域文化上来理解汉语中的“从南到北”，汉译英时应该翻译为“from north to south”。

综上可以看出，英汉民族在文化上的差异对翻译有着极大的作用，它决定着翻译的准确性和合理性。因此，英汉两种语言间进行翻译时，要求译者不仅要通晓两国的语言文字，还要深刻理解两种文化之间的差异以及这些差异对语言理解的影响，并采用适当的翻译方法。这样才能使原文和译文达到语言意义和文化意义上的等值。

第二章　文化翻译的相关问题

文化是人类创造的最有价值、最宝贵的财富，具有民族性、地域性和时代性的特点，即不同的民族有不同的文化。文化是翻译过程中不可逾越的一个环节，翻译与文化有着血肉联系。随着文化全球化进程步伐的加快，文化翻译的桥梁作用也日益突出。本章就从可译性、文化等值以及文化欠额的角度来研究与文化翻译相关的问题。

第一节　可译性

随着全球化进程的推进，国际间的跨文化交流活动也日益频繁，并达到了前所未有的广度和深度。这些交流活动不仅使英汉两种语言互相影响、互相渗透，也极大地扩大了人们对异质语言文化的接受空间，即增加了语言的可译性。

一、可译性概述

可译性指的是双语转换中源语的可译程度。从本质上说，可译性并不是指某种语言是否可以翻译为另一种语言，而是指用一种语言所表达的思想内容和精神风貌是否可以用另一种语言表达出来。可译性问题在翻译研究史上由来已久，许多学者都提出过自己的看法。

德国著名哲学家、语言学家洪堡特（Wilhelm von Humboldt）是最早从语言哲学角度对可译性进行研究的人，他最先使“可译性”成为人们关注的焦点。在洪堡特看来，不同民族、不同国家、不同宗教信仰的人在本性上是相通的。因此，他们所使用的不同语言所表达的思想与情感也是可以相通的，或可以相互理解的。换句话说，语言在本质上具有统一性。同时，“在语言中，个别化和普遍性协调得如此美妙，以致我们可以认为下面两种说法同样正确，一方面，整个人类只有一种语言，另一方面，每个人都拥有一种特殊的语言”。尽管语言具有统一性，但每个国家、每个民族甚至每个人在表达同一事物时却有不同的特点，即语言又具有特殊性。语言的统一性是可译性的前提，而语言的特殊性又为可译性划定了范围，使可译性受到一定程度的限制。

在我国的翻译史上，有很多学者很早就对翻译的可译性问题进行过论述。东晋时期的道安在《摩诃钵罗若波罗蜜经钞序》中提出了著名的“五失本、三不易”理论。所谓“五失本”，是指容易使译文失去原来面目的五种情况。例如，梵经语言质朴，而汉人喜欢华丽的语言，因此为了使读者满意，译者必须对译文进行一定的修饰。而“三不易”则指不易处理好的三种情况。例如，圣人是依当时的习俗来说话的，古今时俗不同，要使古俗适应今时很不容易。

唐代的玄奘在大量的翻译实践中深切感受到可译性及其限度的问题，提出了“五不翻”原则，即在翻译神秘语、多义词、中国没有的物名、久已通行的音译名以及其他为宣扬佛教需要的场合时应采用音译法，而音译即不翻之翻。

刘宓庆不仅提出了可译性的理论依据，还从语言文字结构障碍、表现法障碍和文化障碍三个角度论述了可译性的限度问题。他认为，“语言文字结构障碍是最常见也是最难逾越的可译性障碍”。

贺麟从哲学角度进行的有关可译性的论述非常有影响力。他透过翻译现象来探讨可译性的本质，并运用心理学的理念加以佐证。他提出，“心同理同的部分，本是人类的本性、文化的源泉，因此心同理同部分亦是翻译的部分，可以用无限多的语言去发挥或表达的部分”。

不难发现，上述关于可译性的论述都涉及了可译性的前提及可译性的限度这两个对立统一的问题。

二、可译性的前提

尽管使用不同语言的人有不同的认知特点，但是由于他们的认知依据是相似的，他们在头脑中所形成的概念系统框架也基本相同。这个概念系统框架在语言学上被称为“语义结构”，并包含以下三层关系。

认知关系（cognitive relation）：观念相对于事物的关系。

表达关系（expressive relation）：语言相对于观念的关系。

语义关系（semantic relation）：语言相对于外在事物的关系。

观念与语言都是一种标记符号。所不同的是，观念是记录客观外部世界的符号，存在于内心，而语言则是记录观念的符号，它必须表达出来才能实现其自身的意义。无论是观念还是语言，它们都在人类知识的构建过程中成为人类认识世界活动中具体运作的中介筹码。同时，虽然人们使用不同的语言，但人类在知识的构建和认知活动中享有共同的交际需求。因此，语言作为观念的外在形式也就具有了相似之处，而这正是可译性的前提。

可译性的前提可从以下三个方面来理解。

（一）共同的生理与心理语言基础

世界上的所有语言（包括方言）都是建立在人类相同的生理和心理基础之上的，它们之间必然有相似之处。

首先，不同人种、不同民族的人尽管在肤色等方面存在巨大差异，但他们与语言交流相关的身体器官却具有相同的构造。这些器官根据功能的不同可分为以下几类。

①发音器官，包括唇、舌、牙齿、齿龈、硬腭、软腭、声带等。这些器官通过调整位

置和控制气流来发出各种语音。

②听觉器官，包括耳鼓膜、听小骨、前庭窗、耳蜗管、基底膜、毛细胞、听神经等。这些器官负责接收、处理、传输语音声波并将信号送到大脑语言中枢的专门区域。

③大脑皮层语言区，包括布罗卡氏区、韦尼克氏区和视觉区。布罗卡氏区支配发音和说话，韦尼克氏区支配语言记忆和理解，视觉区负责把视觉和韦尼克氏区联系起来，从而影响书面语的阅读与理解过程。

其次，虽然不同语系的语言符号与其所指对象之间的联系是随意的，但由于受到人类共同的生理与心理基础的影响，不同的语言便具有了以下一些共同特点。

①使用不同语言的人所创造的各种语音、词汇、句法结构以及表达法不能超出人类的生理与心理机能所允许的范围。

②使用不同语言的人具有共同的生理局限，如语言习得速度的局限、记忆力的局限等，这就使得人们只能从潜力巨大的语音、词汇、句法的种种可能性组合中筛选出数量有限的音素、语素、组合方式和语法结构类型。

③共同的生理和心理基础使人类具有潜在的习得一门或数门语言的能力。

可见，人类在生理与心理上的这些共性为语言的可译性提供了物质基础。

（二）共同的语言功能基础

德国语言学家布勒（K. Buhlerk）在《语言理论》中将语言的功能分为以下三种：

①表情（expressive）；

②表述（representational/referential）；

③呼吁（appellative/appeal）。

纽马克（Newmark）对布勒的分类进行了改进，将语言功能也分为三类。它们是：

①表情（expressive）；

②信息（informative）；

③呼吁（vocative）。

可见，不管怎样分类，语言的基本功能都是相同的，即都是为了满足人们相互之间表达感情、沟通信息的需要。正因为语言功能的相似性，各民族人民之间才能进行交流与合作。

（三）文化的相互融合

语言与文化历来是互相影响、互相渗透的关系。一方面，语言是文化的载体，语言是文化传播的重要工具，因此文化的传播必然要受到语言的制约。另一方面，文化的传播又会为语言输入新鲜血液，带来新的词语与表达方式，从而促进语言的发展。汉语就从英语中借用了许多词汇，如“秀”（show）、“拷贝”（copy）、“布丁”（pudding）、“热狗”（hot dog）等。英语也从汉语中吸收了大量词汇，如 kungfu（功夫）、jiaozi（饺子）、tea（茶）等。此外，在英语新闻中，还能见到许多来自其他国家的词语，例如：

abattoir 屠宰场（法语）

blitz 闪电似的动作（德语）

glasnost 公开性；开放（俄语）

jujitsu 柔术（日语）

per capita 人均（拉丁语）

vanilla 香草（西班牙语）

语言是文化融合过程中最活跃的领域，并在此过程中得到了发展和丰富，从而大幅度地提高了语言的可译性。

三、可译性的限度

我们说语言是可译的，这只是一个宏观意义上的现象，并不意味着语言在任何情况下都是可译的。换句话说，语言的可译性是有限的。英国翻译理论家卡特福德（J.C. Catford）从语言与文化两个角度分析了可译性的限度。

（一）语言上的限度

1. 词汇限度

世界上任何两种语言的拼写系统、音韵系统都各不相同，词汇形态上的特异性是影响可译性的重要因素。利用一种语言在字形、字意及构词方式上的特点创造的文字游戏是很难译为其他文字的，其中的乐趣也很难为使用另一种语言的人所体会。例如：

鸿为江边鸟，蚕为天下虫。

（“鸿”可拆为“江边鸟”，“蚕”可拆为“天下虫”）

此木为柴山山出，因火成烟夕夕多。

（“柴”可拆为“此木”，“出”可拆为“山山”，“烟”可拆为“因火”，“多”可拆为“夕夕”）

将这种具有浓厚中国特色的文字译为英语，即使形式上可译，其暗含的意味也将丧失殆尽。

2. 句法限度

句法是将词汇组织成句子的基本依据与内在规律，是语言中最稳定、最具异质性的部分。不同语言由于句法结构上的差异也会对可译性造成影响。

汉语属于汉藏语系，主要通过虚词、不变的词根、不同的语序来表示语法关系。英语属于印欧语系，具有明显的曲折变化，会随着人称、数量、时态的不同而出现性、数、格、时、体、语气等方面的改变。当我们进行英汉互译时，不可避免地会遇到可译性的限度。例如：

老师和同学已在游戏前做好了充分的准备。

The teacher and the students have made good preparation before the game.

汉语没有人称数量的变化，一个同学与两个同学都可以直接使用“同学”来表示。但是，将其译为英语时则必须根据具体语境确定该名词的数量究竟是单数还是复数。此外，汉语动词没有时态变化，时间信息主要依靠“着”“了”“将”等词来体现。故此，译文将“同学”译为“students”，用现在完成时来体现“做好了”的含义。

本例中原句给出的信息足够充分，翻译时可以进行全面、准确的推断。但是，当源语信息不充分时，就会出现可译性限度，译者甚至会陷入进退维谷的境地。可见，句法差异是造成可译性限度的原因之一。

3. 语义限度

使用语言最主要的目的就是交流，因此语义是翻译追求的重要目标之一。然而，翻译所面对的不是共性语言（langue）而是具有个性化的言语（parole），语义可译性限度恰恰就出现在这个领域。

由于各种主客观原因的影响，不同语言在描述具有普遍意义的事物时，其所使用的表达方式在内涵与外延上也存在巨大差异。从客观方面来讲，各个国家在地理条件、宗教信仰、历史传统、政治制度、经济结构等方面都有各自的特点，这些差异必然会反映到语言上，导致某些语言出现概念和相关词汇的空缺，继而造成语义可译性限度。从主观方面来讲，使用同一种语言的人由于年龄、性别、性格特点、文化素养、社会地位的不同，在表达思想时也会体现各自的特点，由此所造成的语义可译性限度就更加明显。

（二）文化上的限度

文化因素造成的可译性限度包括以下三个类别。

1. 文化词汇空缺

某些词汇是源语文化所特有的，当把这些词汇翻译为译入语时，就会出现文化词汇空缺的现象。然而，经过一段时间后，这些词汇会通过接纳、消化和推广而进入译入语。所以，这种情况下的可译性限度是暂时的。例如：

hamburger 汉堡包

sandwich 三明治

hacker 黑客

Internet 因特网

Barbie 芭比娃娃

阴阳 Yin Yang

太极 Tai Ji

2. 文化词汇转义

源语使用某个词汇来记录该语言民族的特殊事物，一段时间后，这个词汇被赋予了一种新的意义，而原来的意义却不再被使用，即发生了文化词汇的转义。在翻译这类词汇时，译者要想表达出该词汇的转义就必须进行解释或加注。例如，“Uncle Tom”是小说 *Uncle Tom's Cabin* 中的人物，在美国文化中喻指“唯命是从的奴才”。若将其译为“汤姆叔叔”，则无法体现该词的内涵。不难看出，这类词汇的可译性限度比文化词汇空缺要更强一些。

3. 文化词汇内涵不同

源语与译入语对同一事物都有相应的指称词，但两种语言却对该事物赋予了不同的文化内涵与联想意义。例如，龙（dragon）在中国文化中是一种吉祥、高贵的动物，而在英语文化中却是妖魔鬼怪的代名词；数字 13 在英语文化中非常不吉利，而在汉语中却没有这种含义。类似的例子不胜枚举，这类词汇的可译性限度最强。

总之，语言符号所承载的文化信息量越大，其可译性限度也就越大。

第二节　文化等值和文化欠额

美国语言学家、圣经研究专家及翻译理论家尤金•奈达于 1964 年在《翻译科学探索》一书中从语言和翻译的基本原理出发提出了形式对等（formal equivalence）和功能对等（functional equivalence）理论。形式对等主要关注的是语言本身的信息，包括形式和内容。奈达认为，由于两种语言在语法、文风与思维上的不同，采用形式对等可能会带来问题。而功能对等是指“原文信息在接受语中得以传递，以至译文接受者的反应与原文接受者的反应基本相同”。现在，等值论已被广泛接受并应用于翻译理论研究与翻译实践中。

一、英汉语言的文化等值差异

语言包含两层含义，一是表层的字面含义，二是深层的语用文化内涵。在翻译的过程中，如果只关注其表层含义，则很可能造成语用文化信息的传递错误或歪曲，导致语用文化信息的欠额。换句话说，片面追求形式对等，即字面信息的等值，往往会造成文化信息欠额。

具体来说，英汉两种语言的文化词语在内涵上存在零等值、部分等值和假性等值三种情况。下面就进行具体分析。

（一）零等值

所谓零等值，是指一种语言所表达的文化内涵在另一种语言中找不到对应项。例如，“a pork barrel”的字面意思是“猪肉桶”，而其文化内涵却是“政府为讨好选民而用于地方建设的拨款”，这种表达对汉语来说就属于零等值。同样，汉语中的“戴绿帽子”对英语来说也属于零等值，绝不能用“wear a green hat”来表达。

零等值往往由多种因素造成，其中，历史内涵的独特性和习俗内涵的特殊性是造成零等值的主要原因。

1. 历史内涵的独特性

每个民族的历史都有其独特性，因此在历史发展过程中所形成的语言层面的文化内涵也必然有其独特性。这些具有浓厚历史意味的文化词汇在另一种语言中往往处于零等值的状态。对这些词汇进行直译，很容易造成文化信息欠额。例如：

原文：国破山河在。

译文 1：The state is destroyed；hills，rivers remain.

译文 2：Though a country be sundered，hills and rivers endure.

译文 3：Though the capital be occupied，the state still remains.

原文是我国唐代著名诗人杜甫所作的《春望》中的诗句，以安史之乱为背景。当时，安禄山、史思明攻陷国都长安，唐玄宗被迫逃离京城。因此，原文中的“国”指的是国都长安，而“山河”指国家政权与疆土。译文 1 与译文 2 虽然做到了形式对等，但却没有将原文中的内在含义表达出来，都不同程度地造成了文化内涵的缺失。相比较而言，译文 3 不仅表达了字面含义，还体现了原文的深层内涵。

原文：Peace Will Be His Pyramid.

译文 1：和平将是他的一座金字塔。

译文 2：和平将成为人们记住他的丰碑。

埃及总统萨达特遇刺身亡后，基辛格为其专门写了一篇悼念文章，原文就是这篇文章的标题。“Pyramid”是埃及特有的历史文化古迹，基辛格以此来歌颂萨达特的丰功伟绩，表达自己的敬仰与怀念之情。译文 1 属于直译，难以传递基辛格将“Pyramid”作为喻指意义的历史文化内涵，译文 2 则准确地体现了基辛格的真实寓意。

2. 习俗内涵的特殊性

由于地理环境、历史条件、宗教信仰等方面的不同，每个民族都形成了具有自身特色的风俗习惯与规章礼仪。这些习俗与规制对另一个民族来说常常处于零等值的状态。例如：

子龙见妇人身穿缟素，有倾城倾国之色……

（罗贯中《三国演义》）

The woman was dressed entirely in white silk and her beauty was such as to overthrow cities and ruin states...

白色在英汉两种文化中具有不同的内涵。在英语国家，白色是纯洁的象征，常常用于婚礼。而在中国则恰恰相反，白色常用于葬礼，以表达哀悼之情。原文中的“缟素”是中国特有的丧服，颜色纯白，是妇女在其丈夫去世后表示哀伤的服饰。因此，将其直译为“in white silk”就缺失了这一文化内涵，应改译为“white mourning dress”。

（二）部分等值

所谓部分等值，是指一种语言所表达的文化内涵在另一种语言中只存在部分对应的现象。例如，英语中的“orphan”有以下两种含义：

①“a child who has lost both parents”；

②“someone who lacks support or care or supervision”。

汉语中的“孤儿”有以下两种含义：

①失去父母（双亲）的儿童；

②年幼无父的孩童（=fatherless child）。

可见，英语①义与汉语①义相等，英语②义在汉语中找不到对应项，汉语②义在英语中也找不到对应项。英语中的“orphan”与汉语中的“孤儿”属于部分等值关系。

受几千年来宗族制度的影响，中国形成了以父系（直系血统）称谓为主干、以母系和妻系（姻亲）称谓为补充的庞杂的称谓系统。而英语的称谓体系比较简单，这就造成汉语称谓词与英语称谓词之间的部分等值的关系。例如：

原文：她从堂哥家出来后就去了表哥家。

译文 1：She went to another cousin's family after she left her cousin's family.

译文 2：She went to her maternal cousin's family after she left her paternal cousin's family.

在汉语中，“堂哥”与“表哥”是两个亲密程度不同的称谓。“堂哥”是父亲的侄子，属于父系称谓系统。而“表哥”是母亲的侄子，属于母系称谓系统。译文 1 没有体现出二者的区别，译文 2 的处理则比较准确。

My maternal grandfather was cut off in the flower of his youth at the age of 67，but my other three grandparents all lived to be over 80.

（Bertrand Russell：*How to Grow Old*）

译文 1：我的外公在他 67 岁时去世，这是他风华正茂的年龄，而我的另外三个祖父母都活过了 80 岁。

译文 2：我的外公是在他 67 岁时去世的，这是他风华正茂的年龄，而我的祖父、祖母和外祖母都活过了 80 岁。

“grandparents”在英汉两种语言中具有不同的内涵。在汉语中，“祖父母”属于直系血统关系，“外祖父母”属于姻亲关系，而英语中则没有这种区别。译文 1 将“my other three grandparents”译为“我的另外三个祖父母”，很容易让汉语读者产生误解，译文 2 将其译为“我的祖父、祖母和外祖母”既准确传达了原文信息，又符合汉语读者的思维习惯。

（三）假性等值

所谓假性等值，是指有些词汇虽然字面意义相同，其内涵意义却不同，这就给人造成一种表面上等值的现象，即假性等值的现象。假性等值的概念最早出现于萨瓦尔（Savory）的《翻译的艺术》。假性等值之所以存在，是由于不同文化群体在风俗习惯、文化背景等方面的差异导致了其所使用的语言在指称、引申与联想等方面的差异。例如：

大江东去，浪淘尽，千古风流人物。

（苏轼《念奴娇·赤壁怀古》）

译文 1：The Yangtze River runs towards east into the sea，the rolling waves are gone with many gallant heroes in history.

译文 2：The Yangtze River witnessed the running on of Chinese history and myriad remarkable people（with its rolling waves）.

汉语中的“风流人物”指才华横溢、洒脱不拘的俊杰，相当于英语中的“remarkable people”。而英语中“gallant”的含义却是“a man who is much concerned with his dress and appearance or who attends or escorts a woman”，即“注重服饰和追逐讨好女性的男人”。可见，“风流人物”与“gallant”虽然字面意义接近，却缺乏内涵上的等值，二者之间是假性等值的关系。译文 1 显然曲解了原文的真实含义，译文 2 的处理比较妥当。

英语中还有一些表达方式，它们相对于汉语来说也属于假性等值。例如：

short drink

表面含义：少量饮料

真实含义：烈性酒

sleep late

表面含义：晚睡

真实含义：晚起（床）

a walking skeleton

表面含义：行尸走肉

真实含义：骨瘦如柴

eat one’s words

表面含义：食言

真实含义：认错、道歉

Once bitten，twice shy.

表面含义：一朝被蛇咬，十年怕井绳。

真实含义：吃一堑，长一智。

二、文化信息的传递与翻译中的文化欠额

纽马克将文化欠额翻译（under-loaded cultural translation）定义为“在翻译中零传输或者部分传输了源语文化环境中的内涵信息的现象，即译文所传递的文化信息量小于原文的文化信息量”。语言往往包含一定的文化信息量，文化欠额翻译就是将原文中的文化信息进行不完整的传输，会严重影响译文质量。例如：

做中人的卫老婆子带她进来了，头上扎着白头绳，乌裙……年纪大约二十六七……

（鲁迅《祝福》）

译文 1：Old Mrs. Wei the go-between brought her along. She had a white band round her hair and was wearing a black skirt...Her age was about twenty-six...

译文 2：Auntie Wei，who is a go-between，brought her along. She had a white mourning cord around her hair and was wearing a black apron...Her age was about twenty-six...

在西方社会，妇女出嫁后可以不改名，但要改为夫姓。而在中国，由于宗法制度影响深远，妇女的姓氏作为其所属宗族的体现，即使出嫁仍不能更改。原文中“卫老婆子”的“卫”姓并非其夫家的姓氏，而是她自己宗族的姓氏，将其按照英语的习惯翻译为“Mrs. Wei”显然不符合汉语文化习俗。

在中国，丈夫去世后，妻子必须为其守孝，且应佩戴白头绳。贫苦人家由于经济条件的限制，常常用棉质丝线拧成廉价、简易的线绳戴在头上。原文中“她”所戴的正是这种“白头绳”。译文 1 中的“a white band”既没有体现中国的丧葬文化，也没有体现出“她”较低的社会地位。

英语中的裙是“skirt”，因此从字面意义上来理解，将“乌裙”翻译为“black skirt”并无不妥。然而，在中国封建社会，服饰具有非常明显的社会等级特征。原文中的“她”

是去别人家当佣人的，社会地位较低，“black skirt”与“她”的身份是不相符的。她所穿的“裙”其实是套在自己的衣服外面防止衣服被弄脏的一种工作服饰，相当于英语中的“apron”。

可见，译文 1 没有准确地理解原文背后的文化含义，没有将原文中的文化信息量完整地体现出来。而译文 2 经过适当调整，如将“Old Mrs. Wei”改为“Auntie Wei”，将“a white band”改为“a white mourning cord”，将“skirt”改为“apron”，既体现了原文的情节，又传达了原文的文化含义。

在文化信息的翻译过程中，文化信息欠额与文化信息量往往呈反比例关系。具体来说，译文体现的文化信息量越大，文化信息欠额就越小；译文体现的文化信息量越小，文化信息欠额就越大。因此，为了将文化信息欠额最小化，我们不能将字面信息等值作为翻译的唯一目标，而应在传达原文字面意义的同时，将其背后的文化内涵也体现出来。例如：

银川是宁夏回族自治区的首府，位于宁夏回族自治区中心。从明清以来，她就是伊斯兰教在西北部的居住地和传播中心。

Honored as a smaller Mecca，Yinchuan，the capital of Ningxia Hui Autonomous Prefecture，is located in central Ningxia Province. Since the Ming and Qing dynasties，Yinchuan has been a place for Moslems to live and a center of Islamic education in the Northwest.

译文没有对原文进行直译，而是将银川比作麦加（伊斯兰教最神圣的城市）。这种巧妙的手法准确地传达了银川在中国穆斯林心目中的位置，极大地减少了翻译过程中的文化信息欠额。

三、翻译中的文化等值

翻译是语言之间的桥梁。然而，语言又是文化的载体，所以翻译也必然是文化之间的桥梁。换句话说，翻译不仅仅是一种语言之间的转化，从深层意义上讲，更是一种跨文化的转换。许多学者都对翻译与文化的关系进行过论述。

英国翻译理论家泰特勒（Tytler）在《论翻译的原则》（*Essay on the Principles of Translation*）一书中提出了著名的翻译“三原则”，其具体内容包括下面三点。

译本应该完全转写出原文作品的思想。

译文写作风格和方式应该与原文的风格和方式属于同一性质。

译本应该具有原文所具有的所有流畅和自然。

在泰特勒看来，原文作品的思想是翻译过程中最重要的内容，而原文的思想内容既包括原文信息也包括文化信息。

奈达在《翻译科学探索》（*Toward a Science of Translation*）中指出，“对一个译者来说，由文化差异引起的问题比语言结构差异引起的问题要多而且更为复杂”，这就将翻译过程中的文化问题放在十分突出的地位。

丹尼尔·肖（Daniel Shaw）在《跨文化翻译：翻译中的文化因素和其他交际任务》（*Transculturation：The Cultural Factors in Translation and Other Communication Tasks*）中

开宗明义地研究了翻译中的文化问题。他认为，翻译的前提是译者要理解语言的表层结构和深层结构。语言的形式特征属于表层结构，包括价值观、世界观在内的各种文化因素属于深层结构，而深层结构才是表层结构所要表达的真正意义。因此，译者的任务就是使用译入语将源语的深层结构明晰无误地表达出来。

综上所述，文化翻译应坚持“得其精而忘其粗，重其内而忘其外”的原则，并以文化内涵信息的对等为根本目标。例如：

赵爷今年五十九，两个儿子，四个孙子，老两个夫妻齐眉，只却是个布衣。

（吴敬梓《儒林外史》）

Dr. Zhao is fifty-nine this year and has two sons and four grandsons while his wife has grown old with him，he is still an ordinary citizen.

在汉语文化中，“布衣”的本义是指一种面料。同时，由于平民生活俭朴，常穿粗布衣服，“布衣”渐渐被引申为“平民”。若将“布衣”直译为“coarse clothes”，则只能体现出“布衣”的本义，却很难体现“赵爷”的社会地位。译文使用“ordinary citizen”，准确地表达了原文的文化内涵。

总之，文化翻译应避免简单的字面转换，减少文化欠额，努力实现文化信息的等值。为实现这一目的，译者应超越文本形式看内容本质，把握不同文化之间的差别与联系，采取灵活的处理手段，以便真实、完整地传递源语中的文化信息。

第三章　英汉语言差异与等值翻译

俗话说“一方水土养一方人”。地理环境的差异使一个民族形成具有自己地方特色的生活习惯和语言习惯，语言无时无刻不在受着文化的影响，同时语言又是文化的载体，文化因为语言才得以继承和发展。英语和汉语由于受到地域环境的影响，形成了具有各自特点的语言形式。因此，英语和汉语无论是在词汇、句法还是在语篇的结构上都存在较大差异。英汉语言翻译的得体性同样也与两者的语言差异具有密切关系。本章就对英汉语言文字的差异与等值翻译进行探讨。

第一节　英汉语言文字差异

一、词的差异

（一）构词法差异

1. 派生法差异

派生法也称作“缀合法”，主要是利用词根和词缀来构成词汇的。首先英语中的词缀可以分为前缀和后缀，前缀主要用于改变词汇的含义，对于词性几乎没有影响，但这也不是绝对的，英语中有少数的前缀在构词时会改变词性；后缀则主要用于改变词性，对词汇意义没有较大的影响。

（1）派生法在英语构词法中具有很重要的地位，因为英语中的词缀数量很多。

①英语中的前缀主要可以分为以下几类。

表否定的前缀：a-，dis-，in-（变体 il-，ir-，im-），un-，non-。

表反向的前缀：de-，dis-，un-。

表贬义的前缀：mal-，mis-，pseudo-。

表程度的前缀：arch-，co-，extra-，hyper-，macro-，micro-，mini-，out-，over-，sub-，super-，sur-，ultra-，under-。

表方向、态度的前缀：anti-，contra-，counter-，pro-。

表方位的前缀：extra-，fore-，inter-，intra-，super-，tele-，trans-。

表时间的前缀：ex-，fore-，post-，pre-，re-。

表数的前缀：bi-，di-，multi-，semi-，demi-，hemi-，tri-，uni-，mono-。

其他前缀：auto-，neo-，pan-，proto-，vice-。

②英语后缀的数量也有很多，由于后缀是用于改变词性的，因此，后缀是按照其在构成新词时的词性进行分类的。

A. 名词后缀。这些后缀只构成名词。例如：

加在名词后表示“人”或“物”：-eer，-er，-ess，-ette，-let，-ster。

加在动词后表示“人”或“物”：-ant，-ee，-ent，-er。

加在名词后表示“人，民族”或“语言、信仰”：-ese，-an，-ist，-ite。

加在名词后表示“性质、状态”：-age，-dom，-ery（-ry），-ful，-hood，-ing，-ism，-ship。

加在动词后表示“性质、状态”：-age，-al，-ance，-ation，-ence，-ing，-ment。

加在形容词后表示“性质、状态”：-ity，-ness。

B. 形容词后缀，只用于构成形容词。例如：

加在名词后：-ed，-ful，-ish，-less，-like，-ly，-y，-al（-ial，-ical），-es，-que，-ic，-ous（-eous，-ious，-uous）。

加在动词后：-able（-ible），-ative（-ive，-sive）。

C. 副词后缀。只用于构成副词。例如：

加在形容词后：-ly。

加在名词或形容词后：-ward（-wards）。

加在名词后：-wise。

D. 动词后缀。一般加在名词和形容词后构成动词。例如，-ate，-en，-ify，-ize（-ise）。

（2）汉语虽然也有派生构词法，但其构词力远远不如英语那么多，汉语中对词缀的分类还没有进入成熟阶段，对于词缀的划分也莫衷一是。下面我们就结合我国学者赵元任在《汉语口语语法》中对词缀的讨论，将汉语中的词缀进行分析，并对英语和汉语在派生构词法方面的差异进行探讨。

①汉语的前缀可以分为以下几类。

严格前缀：阿、老、第、初。

新兴前缀：不、单、多、泛、准、伪、无、亲、反。

结合面宽的前缀：禁、可、好、难、自。

套语前缀：家、舍、先、亡、敞、贱、拙、贵、尊、令。

汉语的前缀主要用于改变词性，与英语中的前缀有本质区别，其功能与英语中的后缀类似。汉语中前缀的含义不具体，有的前缀甚至没有具体含义，很多前缀在构词时只起到构词作用。例如，老—老婆、老虎、老大；阿—阿公、阿妈、阿婆等。

②汉语中的词语后缀主要有以下几种。

A. 表人的后缀主要有三种。例如：

表示职业和职务的后缀：家、师、士、夫、员、生、匠、工、长等。

表示亲属关系的后缀：子、亲、夫、爷、父、人等。

表示其他的人的后缀：头、者、士、生、汉、丁、郎、属、鬼、棍、迷、徒、贩、人、子、员、犯、分子等。

B. 表示数量单位的后缀：匹、辆、支、项、件、张、亩、斤、两、口、群、间、座、朵、粒、本、幅、卷、册等。

C. 表示“性质、状态、程度、过程、方法、学说、信仰”等抽象概念的后缀：学、论、性、度、派、法、化、主义等。

D. 表示处所的后缀：处、室、厂、站、场、馆、院等。

E. 表示物品的后缀：品、器、仪、机等。

此外，汉语中还有一些构词性后缀。这些后缀没有实际意义，只用于构词。例如：

子：孩子、鞋子、裤子、鼻子、脑子等。

儿：信儿、焰儿、头儿、影儿、盖儿、画儿等。

头：石头、骨头、馒头、奔头、盼头、苦头等。

然：安然、溘然、勃然、猝然、断然、公然等。

汉语中的后缀数量要比前缀多，汉语中后缀的作用主要用于改变词性，这一点与英语后缀是相同的，但与英语不同的是，汉语中的后缀在构词时多构成名词，其后缀的作用没有英语后缀广泛。

2. 复合法差异

（1）复合法在英语中的词汇生成能力也很强，英语复合法指的是将英语中的两个或者两个以上的词构成一个新词，英语中复合词的词性一般由构成复合词的后一个词来体现。

①复合名词都由一个词后面加一个名词来构成。例如：

形容词 + 名词：goodbye，blackboard，greenhouse 等。

动名词 + 名词：washing-room，dining-hall 等。

动词 + 名词：chopsticks，checkout 等。

名词 + 名词：football，hot-line，pencil-box，homework，grandfather，gateman，pencil-box，lunchtime，lifeboat，postcard，seafood，weekend，classmate，northeast，railway 等。

②复合形容词一般也由词汇后面加一个现在分词或者过去分词构成。例如：

形容词 + 现在分词：good-looking，hand-writing 等。

副词 + 现在分词：hard-working 等。

名词 + 现在分词：English-speaking，Chinese-speaking 等。

名词 + 过去分词：man-made，self-made 等。

副词 + 过去分词：well-known 等。

③英语复合词有时由三个或三个以上的词构成，此时词的顺序按照原来词组的顺序进行排列。例如，up-to-the-minute，two-year-old，on-the-spot 等。

（2）汉语中的复合词主要是将汉语中的两个或者两个以上的字按照一定的次序进行组合而形成的新词。汉语中复合词的数量相对于派生法构成的词要多很多。汉语复合词的构成一般是按照某种语法规则或者逻辑顺序而构成的，这些词汇的逻辑顺序差异是受到了英汉两国思维模式以及文化差异的影响。例如：

时间顺序：古今、朝夕、旦夕、开关、先后、早晚等。

因果顺序：打倒、冲淡、压缩等。

心理顺序：高矮、善恶、远近、长短等。

主谓结构：私营、民营、头疼、搁浅等。

动宾结构：唱歌、跳舞、吃饭、打球等。

偏正结构：雪白、鸟瞰、蜡笔、油画等。

动补结构：缩减、展开、开发、推行等。

3. 缩略法差异

英语的缩略词主要分为节缩式、首字母缩略式和混合式。汉语中的缩略词主要包括截取式、选取式、提取公因式和数字概括式。这几种缩略法之间存在很多差异，下面就对这些差异进行分析研究。

英语中的节缩式缩略词主要是将一个单词的一部分去掉来构成一个新词。主要包括以下三种情况。

①去头取尾。例如，helicopter → copter（直升机），telephone → phone（电话）等。

②去尾取头。例如，gentleman → gent（绅士），memorandum → memo（备忘录）等。

③去头尾取中间。例如，influenza → flu（流感），prescription → scrip（处方）等。

汉语中有截取式和选取式。汉语中的截取式指的是在汉语词中找到一个具有代表性的词来取代原词。例如，北京大学→北大、复旦大学→复旦、宁夏回族自治区→宁夏、万里长城→长城、半导体收音机→收音机等。选取式则是将原词中具有代表性的词素选出来构成新词。例如，科学技术→科技、劳动模范→劳模、科学研究→科研、整顿作风→整风、文艺工作团→文工团、北京电影制片厂→北影、上头和下头→上下等。

英语缩略词中有一种是比较常见的首字母缩略式。例如：

unidentified flying object → UFO 不明飞行物

very important person → VIP 贵宾

Voice of America → VOA 美国之音

General Headquarters → GHQ 司令部

acquired immune deficiency syndrome → AIDS 艾滋病

Organization of Petroleum Exporting Countries → OPEC 石油输出国组织

foot → ft 英尺

market → mkt 市场

radio detecting and ranging → radar 雷达

在汉语的缩略法中没有首字母缩略词。同样在汉语中有一种缩略词是根据提取公因式而得到的，这样的构词法在英语缩略词中也没有。例如：

中学、小学→中小学

工业、农业→工农业

进口、出口→进出口

离休人员、退休人员→离退休人员

以上这些是英语和汉语在缩略法方面的主要差异。除了英汉缩略词在构成方法上的差异之外，英语和汉语中缩略词中的数量也大不相同，英语中缩略词的数量远远超过汉语中的缩略词。

（二）词类差异

1. 名词差异

英语中的名词可以分为普通名词和专有名词，可数名词和不可数名词，集体名词等。汉语名词则可以分为普通名词、专有名词、抽象名词等。

英语和汉语名词最明显的一个区别就是英语中的可数名词一般都有单数和复数形式，英语中的不可数名词的形式是固定的，而汉语中的名词则没有这样的概念。例如：

There are some apples in the basket.

There is an apple in the basket.

There is some water in the cup.

以上的三个句子充分证明了英语中可数名词与不可数名词的特点。汉语中的名词无论是单数还是复数，其表达方式是没有差别的。例如：

一把椅子——两把椅子

这本书——那本书

一斤苹果——十斤苹果

英语中的可数名词可以直接由冠词 a、an 或者 the 来修饰。例如，an hour、a book、another room、a thousand dollars 等。不可数名词的表示需要借助于量词的帮助。例如，a piece of paper、a glass of water、two kilos of meat 等。汉语中的名词可以直接加量词和数词来修饰。例如，一张纸、几点意见、五斤橘子、三天等。

英语和汉语的语法功能也有一定的差异。其差异主要体现在英语和汉语中谓语的差别上。表 3-1 是英汉名词语法功能差异对比。

表 3-1　英汉名词语法功能差异对比

	主语	谓语	宾语	定语	状语	补语	同位语
英语名词	+	-	+	+	+	+	+
汉语名词	+	+	+	+	+	+	+

从上面的表格中可以清楚地看出英语的名词不可以作谓语，汉语名词则可以。但是汉语中并不是所有的名词都可以作谓语，一般可以作谓语的名词都是表示时间和天气的名词。例如：

今天星期六。

昨天阴天，今天晴天。

这本书十块钱。

2. 动词差异

英汉动词的差异主要体现在语法含义上，英语中的动词具有很多语法含义，其语法形态的变化很丰富。英语动词具有人称、数、时态等概念。英语中的人称和数指的是英语句子中的主谓一致原则，当句子的主语为单数时，句子中的动词也应该使用其相应的单数形式，但是如果句子中的主语是复数时，句子的动词要使用相应的复数形式。英语动词还具有很多种时态，英语中动词为句子的中心。动词在句中可以表示不同时态含义，一个动词可以有很多种时态。例如：

eats：一般现在时，第三人称单数；

eat：一般现在时，第三人称单数以外的所有人称；

ate：一般过去时；

shall eat：将来时，第一人称；

will eat：将来时；

is eating：现在进行时，第三人称单数。

汉语中没有语态变化，动词的语法含义由上下文以及语音、语调来实现。例如：

A：怎么啦?

B：来了 / 马上来 / 就来。

汉语中的“了”可以表示“完成”；“马上”和“就”则可以表示将来的动作。汉语中经常在动词的后面加“过”表示过去时，例如，“吃过”“来过”等。

英语和汉语除了在语法功能上具有一定差异以外，在动词的搭配上也有差异。英语中及物动词的后面必须接宾语，否则就不构成正确的动词词组。例如：

A：Do you like the man?

B：No，I don’t like him at all.

汉语中及物动词的宾语经常不表示出来。例如：

A：你喜欢那个人吗?

B：不喜欢，一点都不喜欢。

3. 形容词差异

英汉形容词的差异体现在其用法上，英语中，形容在作修饰语时，其位置一般在被修饰语的前面，也可以放到被修饰词的后面，如 a big apple、a heavy bag、something wrong 等。汉语形容词作修饰语时，其位置一般是在被修饰词的前面。

英语中的形容词不可以作谓语，英语中的谓语只能由动词来担当。而汉语中的形容词是可以作谓语的，主要用于表示人物的性状等。例如：

今天天气热。

这孩子真漂亮。

4. 副词差异

英汉副词的差异主要体现在其作补语时，英语中副词作补语是为了就名词性词组或者介词进行补充说明。而汉语中副词作宾语一般都是用来说明形容词或名词的。例如：

Let me in.

Have your slippers on.

这小孩儿调皮得很。

这本漫画书我喜欢极了。

英语和汉语中副词位置也有所不同，英语中副词一般置于被修饰的词前面，也可以在其后。而汉语中的副词只能放在中心词的前面。例如：

very good

the meeting yesterday

很好

很重

（三）词义差异

英语中虽然存在多义词，但是英语的词义范围较为狭窄，一般对事物的描述比较具体。英语中含有大量的单义词，这些单义词对事物进行描述时只能表达其一方面的特点，概括性较差，因此英语中对于事物的分类更加详细。

英语中有很多外来语，这些外来语也使得英语的含义趋向精确化。随着社会的发展，一些多义词逐渐解体，演变为几个不同的单义词，有些词的含义随着社会的发展不断变化，最终生成新的词。例如：

drought（拉）— draft（草稿）

urban（城市的）— urbane（有礼貌的）

travel（旅行）— travail（艰苦努力）

gentle（有礼貌的）— genteel（有教养的）— gentile（非犹太的）

curtsey（女子的屈膝礼）— courtesy（礼貌）

汉语词汇的词义范围要比英语广泛很多，在汉语中趋向于用同一个词来表达不同的含义，其具体含义的分辨依赖于词汇所使用的语言环境。因此，汉语词汇比英语词汇具有更高的概括性。

英语中的“空”有很多种情况：表示“里面没有实物”的 empty；表示“没有东西”的 bare；表示“目前没有被占用”的 vacant；表示“空心的，中空的”的 hollow。而对于这些概念在汉语中都只用一个“空”字来表达。

汉语中“问题”一词的含义很广，既指“要求回答的问题”，也指“要处理解决的问题”“会议讨论的问题”，还有“突然的事故或麻烦性的问题”。而英语中对于以上这些意义分别用 question、problem、issue、trouble 等词来表达。

二、句子差异

（一）形合与意合

英语是典型的形合语言，重形合的英语语言主张“造句时要保证形式完整，句子以形寓意，以法摄神，因而严密规范，采用的是焦点句法”。英语中使句子具有形合的特点的连接手段和形式都非常丰富，如介词、连词、关系代词、关系副词、连接代词、连接副词等。例如：

In mid-October when the tough oceangoing training ended，part of the teammates took on board a ship which then headed for Antarctica.

十月中旬，严格的远洋集训结束，部分队员登轮起航，驶向南极。

All was cleared up some time later when news came from a distant place that an earthquake was felt the very day the little copper ball fell.

过了一些时候，从远方传来了消息，在小铜球坠落的当天，确实发生了地震，这一切终于得到了澄清。

The important given to the appraisal stems from the fact that，despite all the talks of the interview being a chance for management and employees to come together and exchange ideas，set joint targets and improve the way decisions are reached，the reality is that they are often nothing more than the pretext on which way pay rises are given，or not given.

重视评估是因为：虽然表面上说评估面试使管理部门和全体员工有机会碰头交换意见、制定共同目标、改进决策方法，但实际上评估只不过是给员工加薪或者不加薪的借口。

A market analyst is a person with specialist knowledge of a specific market who often predicts what will happen and tries to explain what has happen.

市场分析员是拥有某个特定市场专业知识，往往能预测市场并试图对市场现象做出解释的人。

Guests are normally given some time to visit shops where they often buy souvenirs to remind them of their holiday when they return home.

通常会为游客安排一些时间参观商场，客人们往往会买几样使他们回家后不忘此行的纪念品。

与英语不同，汉语属于典型的意合型语言，汉语中的句子之间的关系一般不通过连接词或者其他连接手段来实现，汉语句子的内在关系主要依靠上下文以及事件的逻辑关系来表现。例如：

到南京时，有朋友约去游逛，勾留了一日；第二日上午便需渡江到浦口，下午上车北去。

（朱自清《背影》）

A friend kept me in Nanjing for a day to see sights，and the next morning I was to cross the Yangtze to Pukou to take the afternoon train to the north.

我从此便整天地站在柜台里，专管我的职务。虽然没有什么失职，但总觉得有些单调，有些无聊。掌柜是一副凶脸孔，主顾也没有好声气，教人活泼不得；只有孔乙己到店，才可以笑几声，所以至今还记得。

（鲁迅《孔乙己》）

Thenceforward I stood all day behind the counter，fully engaged with my duties. Although I gave satisfaction at this work，I found it monotonous and futile. Our employer was a fierce-looking individual，and the customers were a morose lot，so that it was impossible to be gay. Only when Kung I-chi came to the tavern could I laugh a little. That is why I still remember him.

（二）重心差异

英汉两种语言在句子表达的重心上存在明显差异。英语中习惯“开门见山”地将重要信息放到句子的开头。简单地说，英语句子一般先表态、后叙事。例如：

We believe that it is right and necessary that people with different political and social systems should live side by side — not just in a passive way but as active friends.

我们认为生活在不同政治和社会制度下的各国人民应该共处，不仅仅是消极共处，而且要积极地友好相处，这是正确而且必要的。

No one will deny that what we have been able to do in the past five years is especially striking in view of the crisis which we inherited from the previous Government.

考虑到上届政府遗留下来的危机重重的局面，我们在过去五年里所取得的成绩也就显得尤其显著，这是没有人可以否认的。

而汉语的表达顺序与英语恰恰相反。汉语中习惯先叙述事情的具体情况，将事情发生的背景进行详细介绍，最后发表自己的观点。例如：

有朋自远方来，不亦乐乎。

我认为如果老年人对个人以外的事情怀有强烈的兴趣，并且适当地参加一些活动，他们的晚年就会过得很充实、快乐。

对于一个事件的因果顺序进行叙述时，英语习惯先表达结果再叙述原因。而汉语则喜欢先将事件的原因叙述出来，进而说明导致了什么样的后果。例如：

20 世纪 60 年代，数以万计的黑人参加了和平示威游行。他们的勇敢行动迫使南方各州执行联邦政府关于在学校和公共场所废除种族隔离的法律，这样就结束了公开歧视黑人的时代。

The era of open discrimination ended in the 1960s through the courageous actions of thousands of blacks participating in peaceful marches to force Southern states to implement the federal desegregation laws in schools and public places.

今天我起床晚了，所以迟到了。

I was late for school this morning because I got up late.

（三）语序差异

1. 定语位置差异

英语中的定语一般放在所修饰词的后面，而汉语中的定语则放在所修饰词的前面，但有时也有部分后置的现象。例如：

It was a conference fruitful of results.（后置）

那是一个硕果累累的会议。（前置）

Cupid had two kinds of arrows：the gold tripped arrows used to quicken the pulse of love and the lead tripped ones to palsy it. Besides，he had a torch to light heart with.（后置）

丘比特有两种神箭：加快爱情产生的金头神剑和终止爱情的铅头神箭。另外，他还有艺术照亮心灵的火炬。（前置）

英语是一门容易学但很难精通的语言。（前置）

English is a language easy to learn but difficult to master.（后置）

老人改变了主意，决心不让小儿子成为一个出众的英雄好汉的人物，因为他实在是不能再忍受那种折损儿子的痛苦。（前置）

This time the old man changed his mind. He did not encourage his youngest son to become a hero，because he could no longer stand the poignancy of losing his last child.（后置）

2. 状语位置差异

状语包括时间状语、地点状语、方式状语和让步状语等。英汉语言中状语的位置具有明显差异。汉语中状语常放到谓语的前面，英语中可以前置也可以后置。英语中一般是按中心语、方式、地点、时间的从小到大、从具体到概括的顺序排列的，汉语中和英语正好相反。例如：

Take medication according to the prescription given by the doctor.

请按医生开的处方服药。

The bank will not change the check unless you can identify yourself.

只有你能证明你的身份，银行才会为你兑换支票。

“神州三号”飞船今晚 10 点 15 分，在我国甘肃酒泉卫星发射中心成功升入太空。

The spacecraft“Shenzhou Ⅲ”was successfully launched at 22:15 pm today in the Jiuquan Satellite Launch Center in Northwest China’s Gansu Province.

我出生于阿帕拉契山脉煤矿区中心的肯塔基州柏定市。

I was born in Burdine，Kentucky，in the heart of the Appalachian coal-mining country.

（四）语态差异

被动语态是英语和汉语在语言上的重要差异之一，在英语中被动语态的使用很频繁，一般不能或者不需要指出动作的执行者时就需要使用被动语态。例如：

This problem must be considered carefully.

这个问题必须加以仔细考虑。

The decision to attack was not made lightly.

进攻的决定不是轻易做出的。

In the course of my travels in America，I have been impressed by a kind of fundamental malaise which seems to me extremely common and which poses difficult problems for the social reformer.

我在美国旅行期间，注意到了一种根深蒂固的忧郁症。我觉得这种忧郁症似乎极其普遍，这就给社会改革家出了难题。

汉语被动语态的表达方式与英语的被动语态有较大差异，汉语被动语态的表达多借助词汇手段来实现。这种手段一般又可分为两类：有形式标记的被动式，如“让”“给”“被”“受”“遭”“加以”“为……所”等；无形式标记的被动式，其主谓关系上有被动含义。例如：

杯子给打得粉碎。

The cup has been broken into pieces.

他们去年遭灾了。

They were hit by a natural calamity last year.

这个任务必须按时完成。

This task must be fulfilled on time.

三、语篇差异

（一）语篇衔接手段差异

1. 照应

照应指的是一种语法手段，在语篇中使用代词来指称文中提到的对象，这样可以使语篇更具连贯性。英语属于形合语言，因此语篇的连贯性需要借助代词、连词等的使用来实现，而汉语中经常使用一些指示代词和“的”字结构。例如：

There are a lot of umbrellas of different sizes and colors in that shop. I’m sure you can get one you are satisfied with there.

该例中的“that shop”和“there”形成照应关系。

Readers look for the topics of sentences to tell them what a whole passage is “about”，if they feel that its sequence of topics focuses on a limited set of related topic，then they will feel they are moving through that passage from cumulatively coherent point of view.

该例中的“they”和“readers”形成了照应关系。

他用两手攀着上面，两脚再向上缩；他肥胖的身子向左微倾，显出努力的样子。这时我看见他的背影，我的眼泪很快地流下来了。

他的原话是这样的：如果你能如期偿还贷款，可以再借到更大的款子。

我还清楚记得，小时候看露天电影，一大堆人挤在一块不大的空地上，老的自带板凳坐在前面，年轻力壮的站在后面，穿开裆裤光脚丫子的串来串去，惹得一阵阵轻声的斥骂。

英汉语言在照应手段上的差异不是很突出，但是英汉语言在照应的使用频率上具有很大差异。在英语照应中，人称代词的使用较多，而汉语中则较少使用人称代词。例如：

My daughter is only four，but she can feed herself，wash herself and dress herself.

我女儿只有四岁，却可以自己吃饭，自己洗漱，自己穿衣。

她有个女儿在北京工作，已经打电话了，听说明天就会回来。

She has a daughter，who works in Beijing. Someone has phoned her and it is said that she will be back tomorrow.

2. 省略

省略是英汉语篇中重要的衔接手段，它可以使上下文之间的联系更加紧密，还能有效避免重复。而两者之间的主要差异在于省略使用的多少和其省略部分的不同，在汉语中省略的成分往往是句子的主语，而英语则需保留句子中出现的主语。例如：

他英俊，又聪明，跳舞跳得不错，打枪不算坏，网球也打得很好。什么宴会都少不了他。鲜花和高价的大盒巧克力糖任意买来送人。虽则很好请客，请起来倒也别致有趣。

He was well-favored，bright，a good dancer，a fair shot and a fine tennis player. He was an asset at any party. He was lavish with flowers and expensive boxes of chocolate，and though he entertained little，when he did it was with an originality that pleased.

Arthur Clarke was born in Minehead，England. Early interested in science，he constructed his first telescope at the age of thirteen. He was a radar specialist with the Royal Air Force during World War Ⅱ. He originated the proposal for use of satellites in communication...

阿瑟•克拉克生于英格兰的明海德镇。自幼喜爱科学，十三岁时制作了自己的第一架望远镜，第二次世界大战期间是皇家空军的一位雷达专家，曾首先提议将卫星用于通信……

3. 替代

替代是避免重复的一种手段，语篇中经常使用替代来使文章衔接更紧密。英语中替代的使用要多于汉语，且英语中的替代形式远远多于汉语。例如：

I’ve bought my son a new bike. And my neighbor’s son wants one.

我给儿子买了辆新自行车，邻居家儿子也想要一辆新自行车。

汉语中习惯重复一些词，因此其替代手段使用较少。且汉语替代手段较之英语来说比较单一，主要运用“的”结构。

（二）段落结构差异

中西方不同的思维模式也对其段落结构模式产生影响。英美人重逻辑推理，因此其思维呈直线型发展。而中国人重感性，较为谦逊，所以其思维模式呈螺旋形发展。

英语段落一般会按照一个直线发展，即先陈述段落的中心思想，而后的句子都要按照一定的逻辑顺序自然铺排。例如：

If you do enough research and listen to enough scientists on human potential，they will tell you that you are precisely where you are in life because of the decisions and actions that you've taken up to this point. Understanding this is critical to going forward with success. If you are today the result of all the decisions and actions up to this point, then who you are tomorrow will be the result of an the decisions and actions you take between now and then. So, understanding that, getting your hands and mind around this DNA, is the key. Every decision you make, every action you take is either in support of or in opposition to your achievement of whatever you have determined as your own individual success.

汉语的段落结构与英语有很大的不同，汉语语篇段落的主题会在叙述中被不断深化。例如：

人从一个未知世界来到这个美丽星球，匆匆百年，又会回归到另一个未知世界。人的短暂与唯一，也许是宇宙间最大的遗憾。然而，正是因为这种遗憾的存在，人们才会努力去点燃自己的生命之火，去照亮有限的生命年轮，去创造生命的美丽与深邃。史蒂芬•霍金，一个“躺在轮椅上的科学家”，仅以三个还能活动的手指保持着与外界的联系与交流，却掀起了一阵阵“霍金热”；伊扎克•帕尔曼，一个“坐着轮椅登台表演的小提琴国际大师”，凭着一具有缺憾的钢铁之躯，登上了音乐艺术殿堂的最高峰；拥有先天智障的舟舟，当他沉浸在无穷魅力的音乐海洋中时，俨然成了一切生命的主宰。现实告诉我们，人生在世缺憾不可避免。用一颗坚韧之心去正视缺憾，也许会创造出令人意想不到的完美来。

（三）语篇模式差异

常见的英语语篇展开模式有以下五种。

①概括—具体模式。概括—具体模式又称作“一般—特殊模式”“预览—细节模式”“综合—例证模式”。该模式的语篇展开顺序是：概括陈述—具体陈述 1—具体陈述 2—具体陈述 3，以此类推。

②问题—解决模式。该模式的语篇描述顺序为：说明情况—出现问题—做出反应—解决问题—做出评价。

③主张—反主张模式。该模式的语篇描述顺序为：提出主张或观点—进行澄清—说明主张或观点 / 提出反对主张或真实情况。

④匹配比较模式。这种模式多用于比较两种事物的异同。

⑤叙事模式。叙事模式就是用来叙述事件经过的模式。这种语篇模式常见于人物传记、虚拟故事、历史故事和新闻报道中。在描述事件的发生、发展过程中必然会涉及一些人、事、场合、环境等，我们将这些方面称作“5W”，即何时（when）、何地（where）、何事（what）、何人（who）以及为何（why）。该语篇模式常采用第一人称或第二人称。

与英语语篇模式相比，汉语的语篇展开模式更加多样化，但是，英汉语篇模式具有明显差异。汉语语篇的焦点和重心的位置不固定，具有流动性。甚至有时一个语篇中根本没有焦点。

第二节　英汉语言文字的等值翻译

一、词的等值翻译

（一）转译法

由于英汉语言的差异性，在进行英汉翻译时，为了使译文更加符合表达习惯，需要将句中的一些词类进行转化，这就是转译法。在汉语中，动词的使用较为频繁，而英语中对于动词的使用比汉语少很多。因此，汉语中常使用动词，在汉译英时就需要将汉语中的某些动词进行词类转换。例如：

关心 to be concerned about

害怕 to be afraid

无视 to be ignore of

兴奋 to be excited

难道你就不想到它的质朴、严肃、坚强不屈，至少也象征了北方的农民？

How could you forget that with all their simplicity，earnestness and unyieldingness，they are symbolic of our peasants in the North?

我儿子拉洋车。

My son is a rickshaw puller.

这些人闹什么东西呢？闹名誉，闹地位，闹出风头。

What are these people after? They are after fame and position and want to be in the limelight.

开门让我进来。

Please open the door and let me in.

在英译汉时为了表达更加地道，一般将英语中的名词、介词、形容词转译为汉语中的动词。例如：

Peter doesn’t like Jack’s participation in the activity.

彼得不想要杰克参加这次活动。

Lincoln wanted to establish a government of the people，by the people and for the people.

林肯希望建立一个民有、民治、民享的政府。

I feel certain of his finishing the task on time.

我确信他会按时完成任务。

（二）增减译法

汉语以意义为中心，而英语则偏重形式结构，因此进行英汉翻译时，为了使译文更加符合译入语的文化背景和表达习惯，需要添加或者删减原文中必要的词语。在汉译英时需要增补连词、主语等，以使句子的形式结构完整。例如：

钢厂门口有棵根深叶茂的大柳树，树上蝉声一片，树荫下有个水果摊，箩筐里有紫红的杨梅、翠绿的李子、金黄的香蕉、扑鼻的果香随风四飘。

In front of the Steel Plant stood a lustrous willow tree upon which cicadas chirruped away and underneath nestled a fruit stand. In the fruit baskets were ruby strawberries，emerald plums and golden bananas. The inviting fruit aroma drifted far with the wind.

科学是老老实实的学问，来不得半点虚假，需要付出艰巨的劳动。

Science means honest，solid knowledge，allowing not an iota of falsehood，and it involves Herculean effort and grueling toil.

世有伯乐，然后有千里马，千里马常有而伯乐不常有。

Only when the world has a Pailo，who knows about horses，can there be fine steels that can cover a thousands li a day. There are always fine steels，but a Pailo cannot be frequently found.

科学需要创造，需要幻想。

At the same time，science also calls for creativeness and imagination.

她瞪着眼，红了脸，满腹怀疑，一声不发。

She stared，colored，doubted，and was silent.

英译汉时，经常增译状语、修饰语等，而需要将英语中的一些连接词省略。例如：

I had imagined it to be merely a gesture of affection，but it seems that it is to smell the lamb and make sure that it is her own.

原来我以为这不过是一种亲热的表示，但是（现在）看来，这是为了闻一闻羊羔的味道，来断定是不是自己生的。

Any leak，even at this late date，could have tremendous international repercussions.

（只要）稍有泄露，即使时至今日，也会在国际上引起巨大反响。

Even counties with large population like Britain and the United States are seriously considering imitating the Swedish.

甚至连人口众多的美国和英国之类的国家也在认真考虑效仿瑞典的（这种说法）。

（With the）weather so stuffy，ten to one it'll rain presently.

天这么闷，很可能就要下雨了。

（三）音译法

在英汉翻译中，有些词，特别是一些名词，在翻译时为了保留词汇原来的含义和意境需要将其进行音译。

beret 贝雷帽

panama 巴拿马帽

flatcap 扁软帽

karaoke 卡拉 OK

sofa 沙发

golf 高尔夫

coffee 咖啡

nylon 尼龙

shampoo 香波

二、句子的等值翻译

（一）从句的翻译

1. 名词性从句的翻译

名词性从句包括主语从句、宾语从句、表语从句以及同位语从句，同位语从句在翻译时一般先翻译主句，再翻译从句。英语和汉语的语序是相同的。例如：

That the stars come out at night is common knowledge.

星星在晚上出来，这是常识。

I wonder if you will need my help.

我不知道你是否需要帮忙。

The message surprised us all that painting was stolen three years ago.

那幅画三年前被盗的消息使我们都很震惊。

I suggest that we should save some money for the future.

我建议我们为将来储蓄一些钱。

2. 定语从句的翻译

英汉语言的差异在定语从句上表现得比较明显，英语定语从句的发展方向为向右，即定语从句作修饰语一般放在修饰语的后面，而汉语的修饰语一般放在所修饰词的前面。因此，汉语定语从句的扩展方向为向左。在英译汉时经常将英语中的定语从句翻译为汉语的“的”字结构。例如：

He was an old man who hunted wild animals all his life in the mountains.

他是个一辈子在山里猎杀野兽的老人。

英译汉时有时会将定语从句和主句一起翻译，使主句从句融合为一句话或者将其译为一种连动表达。例如：

When I passed by，I saw a man who was quarreling with his wife.

当我经过时，我看到一个人和他的妻子正在吵架。

有的定语从句较为复杂，为了翻译时使句子的条理更加清晰、表意更加明确、避免出现歧义等可以将句子进行分译。例如：

In Europe，as elsewhere multi-media groups have been increasingly successful groups which bring together television，radio，newspapers，magazines and publishing houses that work in relation to one another.

在欧洲，像在其他地方一样，传媒集团越来越成功。这些集团将相关的电视、广播、报纸、杂志和出版社组合在一起共同发展。

This was a defensive pact，designed to protect Germany against the French，who aspired to recover the Alsace-Lorraine Provinces lost in 1871，and also to protect Austria-Hungary against the Russians，with whom they continually clashed in the Balkans.

这是一个防御性的盟约，旨在保护德国人免受法国人的攻击，保护奥匈帝国免受俄国人的攻击；因为法国人想收复 1871 年失去的阿尔萨斯－洛林地区，而俄国人则在巴尔干半岛同奥匈帝国接连不断地发生冲突。

3. 状语从句的翻译

在英译汉时一般将表示时间、原因等的状语从句处理为相应的分句。例如：

He shouted as he ran.

他一边跑，一边喊。

They set him free when his ransom had not yet been paid.

他还没有交赎金，他们就把他给释放了。

The crops failed because the season was dry.

因为气候干燥，作物歉收。

（二）长难句的翻译

英语中经常使用一些长句子，这些句子成分复杂，一环扣一环，一个句子有时候就是一个独立的段落。这些句子整体翻译比较困难，因此经常使用分译法，先将长句分为若干小句，然后再对小句进行逻辑编排，使其符合英语表达习惯。例如：

Plastics are made from water which is a natural resource inexhaustible and available everywhere，coal which can be mined through automatic and mechanical processes at less cost and lime which can be obtained from the calcinations of limestone widely present in nature.

塑料是由水、煤和石灰制成的。水是取之不尽的到处可以获得的天然资源；煤是用自动化和机械化的方法开采的，成本较低；石灰是由煅烧自然界中广泛存在的石灰石得来的。

有时为了使长句子更加具有连贯性，在翻译时，可以在句子中插入标点，如用破折号来表示解释说明，用括号表示注释以及用冒号来提示下文等。例如：

Owing to the remarkable development in mass-communications，people everywhere are feeling new wants and are being exposed to new customs and ideas，while governments are often forced to introduce still further innovations for the reasons given above.

由于大众通讯的显著发展，世界各地的人们不断感到有新的需求，不断接触到新的习俗和思想。而各国政府由于上述原因，常常不得不推出进一步的革新措施。

三、语篇的等值翻译

语篇翻译应该在词和句子翻译的基础上，更加注重语篇的连贯性，包括语篇中段内的连贯性、段与段之间的连贯性以及篇章的使用场合。下面就对语篇的等值翻译进行分析。

（一）段内连贯

段内连贯指的是段落内容之间的整体联系，在翻译时应注意篇章中段内的连贯性。为保持其连贯性，一般较多使用省略、重复以及替代、连接词等手段。例如：

I woke up the next morning，thinking about those words — immensely proud to realize that not only had I written so much at one time，but I'd written words that I never knew were in the world. Moreover，with a little effort，I also could remember what many of these words meant. I reviewed the words whose meanings I didn't remember. Funny thing，from the dictionary first page right now，that aardvark springs to my mind. The dictionary had a picture of it，a long-tailed，long-eared，burrowing African mammal，which lives off termites caught by sticking out its tongue as an anteater does for ants.

第二天早晨醒来时，我还在想那些单词。我自豪地发现不仅自己一下子写了这么多，而且以前我从来不知道世界上存在着这些词。并且，稍加努力，我也能记住许多单词的意思，随后，我复习了那些难记的生词。奇怪的是，就在此刻，字典第一页上的一个单词aardvark（土豚）跃入了我的脑中。字典上有它的插图，是一种生长在非洲的长尾、长耳的穴居哺乳动物，以食白蚁为生，像大食蚁兽一样伸出舌头捕食蚂蚁。

该例子中，英语中使用连接词比较多，汉语则使用较少，本例中原文很多连接词都在翻译时被省略了。

汉语中重复的使用要多于英语，英语习惯使用替换，因此在汉译英时，汉语中重复的部分要用替代来翻译。例如：

我的最大爱好是沉思默想。我可以一个人长时间地独处而感到愉快。独享欢乐是一种愉快，独自忧伤也是一种愉快。孤独的时候，精神不会是一片纯粹的空白，它仍然是一个丰富多彩的世界。情绪上的大欢乐和大悲痛往往都在孤独中产生。孤独中，思维可以不依照逻辑进行。孤独更多地产生人生的诗情——激昂的和伤感的。孤独可以使人的思想向更遥远更深邃的地方伸展，也能使你对自己或环境做更透彻的认识和检讨。

My greatest avocation is musing. I can stay by myself for a long time without feeling disconsolate in the least. Happiness enjoyed alone is a pleasure，so is sorrow tasted privately. In solitude，the mind is not a complete blank；it remains a rich and colorful world. Solitude often induces ecstasy or anguish，and allows thinking to wander in a random way. She inspires the mood for poems，passionate or pathetic. She also enables people to think further and deeper and to have a more thorough understanding and examination of themselves and their environment.

（二）段际连贯

段际连贯是相对于段内连贯而言的，段际连贯指的是段落与段落之间的连贯性。段际连贯不仅对于篇章写作很重要，而且也是篇章翻译的一个重点，在篇章翻译中应该注意段落之间的连贯性和过渡，使篇章成为一个有机的整体。大段际连贯的实现也要依靠重复、替代等来实现，不过其连贯形式主要发生在段落之间。例如：

If misery loves company，so do sports fans. Dr. Leon Mann documented this several years ago when，as a Harvard professor，he studied the long overnight queues for tickets to ball games in his native Australia. "Outside the stadium something of a carnival atmosphere prevails，" he wrote in the *American Journal of Sociology*. "The devotees sing，sip warm drinks，play cards and huddle together."

Like the teams they had come to watch，the fans in line took timeouts. Some worked in shifts，with certain members leaving to take naps or eat meals，while others saved their places in line，some staked claims in line with items of personal property such as sleeping bags and folding chairs. "During the early hours of waiting，" Dr. Mann noted，"the queues often consisted of one part people to two parts inanimate objects."

如果说人们同病相怜，那么体育爱好者也是这样。几年前哈佛大学教授利昂·曼博士在其祖国澳大利亚对通宵排队购买球赛入场券的人群做了研究，并在他写的文章里描述了这种情况。"体育馆外面呈现出一种狂欢节似的气氛，"他在《美国社会学杂志》上写道："球迷们唱着歌，呼着热饮料，打着扑克，互相紧挨着，挤成了一团。"

就像他们要来观看的球队一样，排队买票的球迷们也有"暂停"的时候，有的相互倒班，一些人站在队里看着位子，换下别人去睡一会儿或去吃饭。有的则把睡袋、折叠椅之类的个人物件留在队里占位子。曼博士写道"排队等候的头几个钟头里，队里常常是三分之一的人三分之二的物品"。

该例句中将"the fans in line"翻译为"排队买票的球迷"，与首段中的"排队购买入场券"相照应。

（三）篇章语域

篇章语域主要指的是篇章的使用场合及其作用，不同的篇章具有不同的目的和作用，如文学篇章应该具有艺术性以及美感，给人一种美的享受，在翻译时，也应该注意译文深层含义以及篇章的艺术性。对于科技文章的翻译则应注重其准确性和专业性。广告语言主要是为了宣传产品以及吸引消费者的注意力，促使其消费，因此翻译广告语言应注意其号召性和说服力。因此，翻译时不能生搬硬套一些翻译技巧和原则，而应该充分了解篇章的使用场合和目的等，进而选择合适的翻译方法。例如：

Established in the 1950s，East China Normal University，led by the Ministry of Education and nourished by the rich resources of the modern city of Shanghai，has developed quickly among the institutions of higher teaming. It was listed as one of the sixteen key universities in China as early as 1959. Nearly fifty years of development has shaped it into a prestigious comprehensive university，influential both at home and abroad. Right at the arrival of the new century，we are determined to seize the opportunities，meet the challenges，unite and work as hard as before，and contribute our fair share to the development of ECNU.

崛起于20世纪50年代初的华东师范大学，得益于物华天宝、人杰地灵的国际大都市上海这片沃土的滋养，又得益于国家和教育部对师范教育的关怀与重视，在全国高教院系调整中发展壮大起来，早在1959年就已跻身于全国16所重点大学之列。经过将近半个世纪的辛勤耕耘，华东师大已经发展成为一所学科比较齐全、师资实力比较雄厚、具有一定办学特色、在国内外具有相当影响的教学科研型大学。在新世纪到来之际，我们一定要抓住机遇，迎接挑战，励精图治，奋发图强，继续发扬艰苦奋斗、团结协作、勇于拼搏、开拓创新的精神，为华东师范大学的振兴与腾飞，贡献出我们所有的智慧与力量。

这是一则学校的简介，其文章翻译得体恰当，对内容进行了灵活的处理，并没有采取直译法来翻译，而是将其变为更加符合汉语表达习惯的句子。

下面是一则商务信函的翻译，译文很好地遵循了商务信函翻译的准确性、礼貌性、简洁性等原则。

原文：

先生：

从贵处商会获悉贵公司名和地址，并得知你们是一家大的钢铁出口商，具有多年的经营经验。此类产品属于我公司业务范围，特致此函，以期与您建立兴旺互利的贸易关系。

若贵公司能保证价格可行，品质优良，交期迅速，我们将能大量订货。为此，特请提供你们最新的全套目录和各项出口产品的价目表。如蒙尽速办理，当不胜感激。

至于我们的信用情况，可向当地的中国银行查询。

谅能惠予合作，预致谢意。

谨上

（签名）

2008年1月28日

译文：

January 28，2008

Dear Sirs，

Your name and address have been passed on to us by your Chamber of Commerce as a large exporter of iron and steel products，with many years' experience in this particular line of business. As these products come within the scope of goods we deal in，we are glad to forward you this letter in hope of establishing prosperous and mutually beneficial relations between us.

If you can assure us of workable prices，excellent quality and prompt delivery，we are in a position to place large order. We，therefore，suggest that you furnish us with a complete set of your latest catalogues together with a price list covering all your products for export，and we shall be much obliged for your earlier attention.

As to our credit standing, we refer you to the Bank of China in your country.

Anticipating your kind cooperation and thanking you in advance, we are.

Yours faithfully,

(Signature)

第三节　英汉修辞差异与等值翻译

修辞是文化中的一个重要内容，研究英汉文化必然少不了对英汉修辞差异的研究。英汉两种语言在修辞格上表现出许多共同的特征，但是由于社会、文化、历史等的不同，二者在修辞方面也存在一定的差异。这些差异对翻译造成了不小的困难。本节通过介绍英汉语言中比喻、夸张这两种修辞格，来研究英汉修辞差异与等值翻译。

一、比喻差异与等值翻译

（一）英语中的比喻

不把要说的事物平淡直白地说出来，而用另外的与它有相似点的事物来表现的修辞方式，称作比喻。在英语中，比喻是一种常见且应用广泛的修辞格。比喻是语言的升华，而且极富诗意，因此无论是在各类文学作品中，还是在日常口语中，比喻的使用都十分普遍。在写作和口语中使用比喻，可以有效增强语言的生动性、形象性、精炼性、鲜明性、具体性和通俗性。

英语中常见的比喻通常分为两类，即明喻（Simile）和暗喻（Metaphor）。

1. 英语明喻

"Simile"一词源于拉丁语"similis"，相当于英语中的介词"like"。《英语百科全书》（*Encyclopedia of English*）给"Simile"下的定义为"a direct comparison between two or more unlike things; normally introduced by like or as"。

英语中的"Simile"与汉语的"明喻"基本相对应，因此一般译为"明喻"或"直喻"。它是对两个不同事物的相似点加以对比，用浅显、具体的事物去说明生疏、深奥的事物，使语言表达生动形象，更好地传神达意。

从结构上看，明喻基本上由三个要素构成，即本体、喻体和喻词。本体指被比喻的对象，喻体指用来比喻的对象，比喻词用于本体与喻体之间，具有连接介绍的作用。明喻的基本表达方式是："甲像乙"。在英语中，常用的比喻词有"like, as, seem, as if, as though, as...as..., liken...to..., as...so, similar to, to bear a resemblance to"等。例如：

Her happiness vanished like the morning dew.

她的幸福像晨露一样消失了。

I wandered lonely as a cloud.

我像一朵浮云独自漫游。

So as she shows she seems the budding rose，yet sweeter far than is earthly flower...

她露出犹如含苞欲放的玫瑰，却远比真实的花儿芬芳。

此外，英语明喻的结构中除了上述提到的最常用的比喻词外，还有其他的表达方式，如用“no...more than”以及“not any more than”作喻词；“with”介词短语结构；“A is to B what C is to D”结构等。例如：

A student can no more obtain knowledge without studying than a farmer can get harvest without plowing.

学生不学习不能得到知识，犹如农民不耕种不能收获一样。

With the quickness of a cat，he climbed up the tree.

他像猫一样敏捷地爬上了树。

The pen is to a writer what the gun is to a fighter.

作家的笔犹如战士的枪。

2. 英语暗喻

“Metaphor”一词来自希腊语“metaphorn”，意为“a transfer of a meaning”。词典中“Metaphor”的定义为“a figure of speech containing an implied comparison，in which a word or phrase ordinarily and primarily used of one thing is applied to another”。

英语中的“Metaphor”与汉语修辞格的“隐喻”或“暗喻”基本对应，它不用比喻词，而是直接把喻体当作本体来描述，其比喻的关系隐含在全句中。所以，从某种程度上来讲，暗喻的修辞效果较明喻更加有力、突出。

暗喻的结构大致分为以下三种类型。

①喻体直陈式，就是将本体和喻体说成一件事，认定本体就是喻体。这种方式可有效强化语言表达的逻辑能力。例如：

After the long talk，Jim became the sun in her heart.

那次长谈后，吉姆成了她心中的太阳。

College is a comma of a sentence of life.

大学就是人生长句中的一个逗号。

②喻体半隐式，即喻体半隐半现，这一方式中的喻体词一般是由名词转化而来的动词。通过动词对动作或状态的描写，来说明这个名词所具有的喻体的特征。其实这个动词的名词形式就是喻体。例如：

They stormed the speaker with questions.

他们猛烈质问演讲者。

Moonlight flooded the orchard.

月光洒满了果园。

③喻体全隐式，就是表面上喻体没有出现，但却暗含句中，用适用于喻体的词语来充

当喻体。这种类型的比喻形式更为复杂，内涵也更为丰富。例如：

The one place not to have dictionaries is in a sitting room or at a dining table. Look the thing up the next morning，but not in the middle of the conversation. Otherwise one will bind the conversation，one will not let it flow freely here and there.

有一个地方不应该带字典，那就是客厅里或餐桌上。你可以次日早晨再查，但不要在说话中去查字典，否则你会把说话捆住了，使它不能自由舒畅。

上例中将“说话中查字典”比作“绳子”（a string），然而“string”并没有直接出现在句子中，而是用描写“string”的词“bind”来代替，充当喻体，达到了形象生动、传神达意的修辞效果。

（二）汉语中的比喻

比喻又称“譬喻”，俗称“打比方”，就是根据心理联想抓住和利用不同事物相似点，用另一事物来描绘所要表现的事物。比喻主要用于描写事物、人物、景物以及说理论事。

汉语中，根据比喻事物与本体事物之间的划分，可以将比喻分为三类：明喻、暗喻和借喻。

1. 汉语明喻

明喻又称“直喻”和“显比”，是指比喻的事物与被比喻的事物同时出现，表明比喻与被比喻的相类似的关系。它具有爽朗、明快的特征，可以使所描述的事物形象化、具体化、浅显化、通俗化。

明喻的本体与喻体之间常用“像”“似”“若”“比”“样”“同”“如”“如同”“似的”“一样”“宛若”“仿佛”“像……一样”等词语作比喻词。明喻的基本形式是：甲（本体）像（喻词）乙（喻体）。例如：

我们去！我们去！孩子们一片声地叫着，不待夫人允许就纷纷上马，敏捷得像猴子一样。

（姚雪垠《李自成》）

不错，你有天赋，可是天赋就像深藏在岩石底下的宝石，没有艰苦的发掘、精心的雕琢，它自己是不会发出光彩来的。

2. 汉语暗喻

暗喻又称“隐喻”，是比喻的一种。与明喻相比，暗喻的本体与喻体之间的关系更密切。暗喻可分为两种情况：带喻词和不带喻词。例如：

当我在人的密林中分不清南北东西，时间是一个陀螺和一根鞭子。

（罗洛《我和时间》）

骆驼，你，沙漠的船，你，生命的山。

（郭沫若《骆驼》）

3. 汉语借喻

借喻就是本体不出现，用喻体直接替代本体的比喻。借喻是比喻的最高形式，借喻可以省去许多直白的文字，令语言精练简洁、结构紧凑。借喻表现的对象可以是人、物、事，也可以是理、情、意。借喻多用于抒情散文、诗歌以及通俗的口语中。例如：

骤雨过后，珍珠散落，打遍新荷。

（元好问《骤雨打新荷》）

这个鬼地方，一阴天，我心里就堵上个大疙瘩！

（老舍《龙须沟》）

（三）英汉比喻修辞比较

1. 相同点

英汉比喻修辞的相同点主要体现在以下两个方面。

（1）英汉比喻都用事物比喻事物，即用某种具体的东西来描写另一种东西的形象，并表现出这种形象所显示的品质。例如：

Love is life in its fullness like the cup with its wine.

爱就是满盈的生，正如酒满盈着杯。

他确乎有点像棵树，坚壮，沉默，而又有生气。

（2）英汉比喻都用事理比喻事理，即用一种事情的道理，来比作另一种事情的道理。在英汉语言中，人们通常在论证时使用这种修辞手段。例如：

She moved her cheek away from his，looked up at him with dark eyes，and he kissed her，and she kissed back，longtime soft kissing，a river of it.

她挪开了脸颊，抬起头来用眼睛望着他。于是他吻她，她回吻他，长长的，无限温柔的吻，如一江流水。

但我以为一切文艺固然是宣传，而一切宣传却并非是文艺，这正如一切花皆有色（我将白色也算作色），而凡颜色未必都是花一样。

2. 不同点

英汉比喻的不同点主要体现在：汉语比喻的结构形式比英语复杂很多，分类也更细致；英语隐喻与汉语中隐喻、借喻和拟物三种修辞格相似，因此英语比喻中的隐喻所涵盖的范围更广泛。

（1）英语中的“Metaphor”与汉语隐喻相似。英语隐喻与汉语隐喻的格式相同，即本体和喻体同时出现，二者在形式上是相合的。例如：

He has an iron will and gold heart.

他有钢铁般的意志和一颗金子般的心。

（2）英语中的“Metaphor”与汉语借喻相似。在这种修辞格中，喻体是象征性的，同时含有一个未言明的本体。它的基本格式是“以乙代甲”。例如：

By the winter of 1942，their resistance to the Nazi tenor had become only a shadow.

到了 1942 年冬季，他们对纳粹恐怖统治的反抗已经名存实亡了。

Laws（are like cobwebs，they）catch flies but let hornets/wasps go free.

法律像蛛网，只捕苍蝇而放走马蜂。

（3）英语中的“Metaphor”与汉语拟物相似。在汉语中，比拟可分为两种：拟人与拟物。其中，拟人与英语中的“Personification”对应，而拟物是英语中的“Metaphor”的变体形式之一。例如：

Inside，the crimson room bloomed with light.

里面，那红色的房间里灯火辉煌。

Also，he had money in his pocket，and as in the old days when a pay day，he made the money fly.

还有，当他钱袋里有钱的时候，就像过去发薪的日子一样，他挥金如土。

（四）英汉比喻修辞的等值翻译

1. 明喻的翻译方法

（1）直译法

在符合译入语表达习惯的前提下，明喻通常都可采用直译法进行翻译，利用译入语中相应的比喻词来翻译原文中的比喻词，以最大限度地保留原文的特点。例如：

A man can no more fly than a bird can speak.

人不能飞翔，就像鸟不会讲话一样。

Today is fair. Tomorrow may be overcast with clouds. My words are like the stars that never change.

今天天色晴朗，明天又阴云密布。但我说的话却像天空的星辰，永远不变。

水应当是安静的！那可以同镜子一样，小鱼同水藻，没有藏躲的机会，人们可以临流鉴形，这是何等自然呵！

Water should be quiet like a mirror so that the small fish and algae couldn't hide and people could appreciate their reflection in it. And how natural it would be!

（2）意译法

因英汉语言在诸多方面存在差异，因此有些明喻也不能采用直译进行翻译，这时需要采用意译法。例如：

Records fell like ripe apple on a windy day.

纪录频频被打破。

The enemy's harbor defense is just like Achilles' heel.

敌军的海港防御就像阿喀琉斯的脚踵一样——是其唯一致命的弱点。

2. 暗喻的翻译方法

（1）直译法

通常情况下，暗喻也都可以采用直译法来翻译。例如：

Some books are to be tasted，others to be swallowed，and some few to be chewed and digested.

一些书浅尝即可，另一些书要囫囵吞下，只有少数的书才值得咀嚼和消化。

卑鄙是卑鄙者的通行证，

高尚是高尚者的墓志铭。

Baseness is a passport for the base，

Honor an epitaph for the honorable.

（2）意译法

暗喻也不能一味地进行直译，有时也要根据实际情况采用意译法进行翻译，以使译文更符合译入语的习惯。例如：

Don't show the white feather to the enemy.

不要向敌人示弱。

He was confused when we nailed him down to his promise.

当我们要他遵守诺言时，他狼狈极了。

他是个见风使舵的家伙。

He is a weathercock.

二、夸张差异与等值翻译

（一）英语中的夸张

首先来看一些关于“Hyperbole”（夸张）的定义。

福勒（Henry Watson Fowler）认为：“The use of exaggerated terms for the sake not of deception，but of emphasis.”（用夸大的言辞强调而不是欺骗。）

霍尔曼（C. Hugh Holman）指出：“Hyperbole：A figure of speech in which conscious exaggeration is used without the intent of literal persuasion. It may be used to heighten effect，or it may be used to produce comic effect.”（一种修辞格，不带任何真正劝说意义的有意识的夸大。用于强调某种效果或产生幽默效果。）

可见，“Hyperbole”是一种修辞方式，用夸大的言辞来增加语言的表现力，突出某种情感和思想，但这种夸大的言辞并不是欺骗。这种修辞手法可以深刻地表现出作者对事物的鲜明态度，给读者留下深刻的印象，同时有助于揭示事物的特征、本质，强烈地表达出作者的思想感情。例如：

We walked along a road in Cumberland and stooped，because the sky hung so low.

我们沿着坎伯兰的一条道路行走，伛偻着身子，因为天幕垂得很低。

It was so hot a noon that the leaves had to gasp for breath.

那天中午，天气热得连树上的叶子也在喘气。

根据不同的分类方法，可以将英语中的“Hyperbole”分为不同的类别，如扩大夸张、缩小夸张、超前夸张、直接夸张、间接夸张、可转化类夸张和不可转化类夸张等。

（二）汉语中的夸张

对于夸张的定义，《辞海》给出了这样的解释：“修辞格之一，运用丰富的想象，夸大事物的特征，把话说得张皇铺饰，以增强表达效果。”

夸张是一种使用十分广泛的修辞格，不仅常用于文学作品中，在日常生活中也被广泛使用。夸张可有效突出事物的本质，增强渲染的力量，还能强烈地表现作者对所要表达的人或事情的感情态度，从而激起读者强烈的共鸣，给人以深刻的印象。例如：

千山鸟飞绝，万径人踪灭。

（柳宗元《江雪》）

太阳刚一出来，地上已经像下了火。

（老舍《骆驼祥子》）

汉语“夸张”与英语“Hyperbole”分类方法基本一致，根据不同的标准，可以分为多种类型，这里不再一一列举。

（三）英汉夸张修辞比较

1. 相同点

英汉两种语言中的夸张还存在着许多相同之处，主要表现在以下两个方面。

（1）英汉夸张都具有言过其实的特点，通常借助言过其实来表现事物的本质，渲染气氛，加深读者的印象。例如：

Hamlet：I love Ophelia，forty thousand brothers could not，with all their quantity of love，make up my sum.

我爱奥菲莉亚，纵集四万兄弟之爱，也抵不上我对她的爱情。

他们看见那些受人尊敬的小财东，往往垂着一尺长的涎水。

（毛泽东《中国社会各阶级的分析》）

（2）英汉夸张从本质上来看都没有违反质量准则。夸张在本质上都是符合事实，绝对真实的。例如：

His eloquence would split rocks.

雄辩的口才能开岩裂石。

上例中的意思在现实中是不可能存在的，但是这位“让顽石裂开”的先生有着绝妙的口才也是不争的事实。

燕山雪花大如席。

（李白《北风行》）

上句如果用很平淡的表达“燕山雪大”，则不能真实地传达出作者心中真实的、非极言而不能表达的感受。

从上面两个例子可以看出，夸张在本质上没有违反质量准则，因此可以在会话中使用，并可以使会话顺利进行。

2. 不同点

当然，英汉两种语言中的夸张也存在很多不同之处。例如，虽然英语和汉语中都有扩大夸张和缩小夸张，但汉语中使用缩小夸张较英语中更为频繁，而且汉语中有英语中所没有的超前夸张。此外，英语多借用一些构词法进行夸张；而汉语则多通过选词用字来表现夸张。例如：

He limped slowly，with the blood pounding his temples，and a wild incommunicable joy in his heart. “I'm the happiest man in the world.” He whispered to himself.

他一瘸一瘸慢走着，血液冲击着太阳穴，心中充满着无以言表的喜悦，一边走一边自言自语道：“我是世上最幸福的人。”

上例中，他不可能是世界上最幸福的人，采用夸张的修辞手法，用以表达他当时一种强烈的感受。在英语原文中，夸张是利用了形容词的最高级形式（the happiest），其实并没有比较的意思。读者可以从这种夸张的口气中体会出作者强烈的思想感情。而汉语译文则在“幸福的”这一形容词前加上“最”字来表现夸张。此外，汉语中还可以用其他词语来体现夸张。例如，“绝代佳人”“尽人皆知”“举世无双”等。

（四）英汉夸张修辞的等值翻译

1. 直译法

英汉两种语言中夸张使用十分普遍，也存在一些相似之处，因此为了更好地保持原文的艺术特点，可采用直译法进行翻译。例如：

We must work to live，and they give us such mean wages that we die.

我们不得不做工来养活自己，可是他们只给我们那么少的工钱，我们简直活不下去。

If you gave me eighty necklaces and eight hundred rings I would also throw them away. What I want is nothing but dignity.

你就是给我八十条项链和八百个戒指，我也不要，我要的是尊严。

为了让兄弟们的肩头
担起整个大地，摇醒千万个太阳

So that our brother's shoulders
May lift the earth，arouse millions of suns

2. 意译法

由于英汉夸张的表现手法、夸张用语，以及英汉语言的表达习惯有着很大的差异，因此不能机械照搬原文，有时需要采用意译法对原文进行适当地处理，以使译文通顺易懂，符合译入语的表达习惯。例如：

On Sunday I have a thousand and one things to do.

星期天我有许多事情要做。

He ran down the avenue，making a noise like ten horses at a gallop.

他沿街跑下去，喧闹如万马奔腾。

妈妈对小明说：“下次你再不及格，看我不拧断你的脖子！”

Mother said to Xiaoming，“If you should fail again，I would surely teach you a lesson.”

第四节　英汉习语差异与等值翻译

一、英汉习语比较

（一）习语的概念

习语，顾名思义，就是习惯使用而形成的固定语言形式，是指人们通过对社会现象和生活经验的总结而形成的，经久流传下来的固定表达形式。

在人们长期使用语言的过程中，逐渐将短语或短句提炼出来，形成了习语，是语言中的核心和精华。习语是一种富于形象色彩的语言手段，有助于增加语言的美感。英语和汉语都是高度发达的语言，在这两种语言中都存在大量的习语。

（二）习语的分类

习语的种类多种多样，主要包括成语、谚语、俗语、俚语等。

1. 成语

成语是人们在长期实践和认识过程中提炼出的语言结晶。成语的结构一般比较固定，不能随意改动，也不能随意增减成语中的成分。

成语对应的英语单词是“idioms”，英语语言中存在很多成语。例如：ins and outs（事情的底细；露出马脚）、to lay heads together（大家一起商议问题）、the Trojan Horse（木马计）等。

汉语中也有大量的成语。汉语中的成语多出自古代经典名著、历史故事或经过人们的口头流传下来，意思精辟、语言简练。汉语成语以四字字格为主，如小题大做、孤掌难鸣、卧薪尝胆、道听途说、老马识途、雪中送炭等。当然，也有不是四字格的成语，如“三个臭皮匠，赛过诸葛亮”。

2. 谚语

所谓谚语指的是在群众中流传的固定语句，用简单通俗的话反映出深刻的哲理。一般来说，谚语都会集中说明一定的社会生活经验和做人的道理。

谚语在英汉两种语言中都十分常见。例如：

He who hesitates is lost.

机不可失，时不再来。

Bitter pills may have blessed effects.

良药苦口利于病，忠言逆耳利于行。

East or west，home is best.

金窝银窝，不如自家草窝。

路遥知马力，日久见人心。

落地的兄弟，生根的骨肉。

留得青山在，不怕没柴烧。

3. 俗语

俗语主要是指借助某种比喻来说明某种道理，比较通俗易懂，经常出现在口语中。

英汉语言中均有一定量的俗语。英语中的俗语（colloquialisms），如“to show one’s cards”（摊牌）、“round-table conference”（圆桌会议）、“with the tail between the legs”（夹着尾巴逃跑）等。汉语中的俗语，如“杀鸡给猴看”“脚踩两只船”“偷鸡不着蚀把米”等。

4. 俚语

俚语是一种区别于标准语，只在一个地区或者一定范围内使用的话语。

英汉语言中都存在一定的方言俚语。例如：

Shut your pie hole（嘴）！

Do you have any caner sticks（香烟）？

在汉语中，也有很多俚语，如北京话中的“开瓢儿”（打破头）、“撒丫子”（放开脚步跑）。

此外，汉语中的习语还包括歇后语。歇后语是汉语中所特有的，是指由两个部分组成的一句话，前一部分像谜面，后一部分像谜底，通常只说前一部分，而本意在后一部分。它的结构比较特殊，一般分前后两截，在前半截用具体浅显的比喻来说明后半截一个较为抽象的道理。例如：

哑巴吃黄连——有苦说不出

猪八戒照镜子——里外不是人

泥菩萨过江——自身难保

狗咬吕洞宾——不识好人心

肉包子打狗——一去无回

（三）英汉习语特点比较

1. 民族性

习语与人和人生活的环境息息相关。不同的民族，其所处的地理环境、历史背景、经济生活、风俗习惯、宗教信仰、心理状态、价值观念等方面都存在很大的差异，因此习语的表达形式也各不相同，具有鲜明的民族特色。

在英国近千年的历史中，从古代英语到现代英语发生了巨大的改变，同时通过吸收一些外来语，极大地促进了英语词汇的发展。在英语中，较古老的习语多源于伊索寓言、希腊神话、罗马神话或圣经故事，还有一些习语来自一些文学作品，或者 20 世纪中叶发生的历史事件。例如，“the touch of Midas”点金术（希腊神话），“to wear one’s heart on one’s sleeve”不掩饰自己的感情（莎士比亚《哈姆雷特》），“Dunkirk evacuation”敦刻尔克撤退（第二次世界大战）等。

中国有着十分悠久的历史，其文化源远流长，因此语言中出现了大量的习语。这些习语有的来自历史文献、寓言故事、神话传说，如刻舟求剑（《吕氏春秋·察今》），老骥伏枥（曹操《步出夏门行》）；有的习语与我国历史人物、历史事件有密切的关系，如与春秋战国时期秦赵相争有关的习语有“价值连城”“完璧归赵”“负荆请罪”等；与楚汉相争有关的习语有“取而代之”“四面楚歌”“项庄舞剑”等；与“毛遂”有关的习语有“毛遂自荐”“脱颖而出”；与越王勾践有关的习语有“卧薪尝胆”等。这些习语都打上了深深的民族烙印，如果脱离了民族历史，就让人觉得不知所云。

此外，习语的民族性，还体现在表达同一种意义时，英汉两种语言有不同的表达方式。例如，汉语中的“袖手旁观”，英语则是“look on with one's folded arms”；汉语中的“无立锥之地”，英语说“no room to swing a cat in”；汉语中的“一箭双雕”，英语则是“a stone kills two birds”。在英汉习语互译时，要特别注意这一点。

2. 修辞性

一般而言，通过使用习语，有助于达到某种修辞效果。习语的修辞性主要包括以下两个方面。

①习语本身就是修辞手段的运用和体现，具有语言生动、形象、通俗、简练的特点。有时还可以借助声音的节奏和韵律，使表达更加流畅、生动，容易记忆。英语和汉语中有很多这样的例子。例如：

step by step（重复）

as timid as rabbit（比喻）

Many men，many minds.（双声）

First come，first served.（对仗）

鬼头鬼脑（重复）

如鱼得水（比喻）

人多力量大，柴多火焰高。（对仗）

起早不慌，种早不忙。（韵脚）

习语极富表达力，是语言中不可缺少的因素。作者可以把习语当作修辞手段来运用，以增强语言的活力。习语是经过长时间的使用而提炼出来的短语或短句，是语言中的核心和精华。通过使用习语，可增加语言的美感。

②习语的修辞性作用体现在可以使语言生动形象，极富感染力。试比较并品味下面的英语习语的汉译。

In the country of the blind，the one-eyed man is king.

译文 1：盲人王国，独眼称王。

译文 2：山上无老虎，猴子称霸王。

3. 固定性

习语是语言中不规则的、独立的、比较固定的语言因素，其形式和意义相对固定，不能随便改动。否则，习语就失去了意义。

例如，英语中的“to be at liberty”不能改为“to be at freedom”；“Like father，like son.”不能改为“Like mother，like daughter.”同样，汉语中的“破釜沉舟”不能改为“破船沉舟”，“南辕北辙”不可改为“东辕西辙”等。

（四）英汉习语来源比较

1. 来自文学作品

英汉两种语言中有很多习语来自文学作品中的历史典故或者名人之言。例如，英语中“wash one's hands of something”（洗手不干……；与……断绝关系），就源自《圣经·马太福音》。据记载，犹太巡抚彼拉多主持审判耶稣，由于他判定耶稣无罪，一些犹太人不服，因此他当众宣布洗手辞职并交出了耶稣，以证明自己与此案无关。再如，“scotch the snake”（打伤一条蛇）来源于莎士比亚的剧本《麦克佩斯》中的第 3 幕第 2 场：“We have scotched the snake，not killed it.”（我们将蛇打伤，但不把它打死。）现用这条习语比喻“使一些危险的东西不能为害”。

汉语中的习语也有很多出自文学作品。例如，“鬼斧神工”出自《庄子》，“汗马之劳”出自《韩非子》，“老骥伏枥”出自曹操的《步出夏门行》，“鸿鹄之志”出自《吕氏春秋》，“高枕无忧”出自《战国策》等。

2. 来自神话故事

在英语中，大多习语都与古希腊、古罗马等的神话故事有关。例如，“Amalthea's horn（吉祥之物）”源于这样一个神话故事：据说希腊神女阿玛耳忒亚（Amalthea），是罗马神话中宙斯（Zeus）的保姆。婴儿时宙斯由神女阿玛耳忒亚以羊乳喂养。为了感恩，宙斯敲下一羊角送给她，并许诺让羊角主人永远丰饶。后来就用“Amalthea's horn”比喻“吉祥之物”。再如，“Mercury fig”与这样一个传说有关：据说罗马人把无花果树上结出的第一批果实送给墨丘利（Mercury），现用这条习语比喻“获得的第一批成果”。

汉语的神话故事源远流长，反映了丰富多彩的汉文化，也反映了历代劳动人民认识世界、改造世界的生活经历与丰富的想象力。汉语中，也有一些习语来自神话故事，如“女娲补天”“开天辟地”“精卫填海”“嫦娥奔月”“一枕黄粱”等。

3. 来自历史事件

英汉语中均有一些习语是由历史上的著名历史事件演变而来的。

英语中来自历史事件的习语有的是反映了过去的战争方式或状况，有的是描述历史上一些宗教事件或猎人骑士的冒险经历。例如，“sword of Damocles”来自这样一则古代希腊的历史事件：公元前 4 世纪在西西里岛上的统治者狄奥尼修斯一世有个亲信叫达摩克利斯，他十分羡慕帝王的豪华生活。狄奥尼修斯为了教训这个人，在一次宴会上，要他坐在国王的宝座上，当他猛然抬头，只见头顶上有一把用头发悬着的宝剑，随时都有刺到头顶的危险。他吓得战战兢兢，时刻提心吊胆。后来，就用“sword of Damocles”这一成语来比喻临头的危险或情况的危急。再如，“meet one's Waterloo”（惨遭失败），“Dunkirk evacuation”（敦刻尔克撤退，溃退）等。

汉语中来自历史事件的习语大多与帝王将相之间的争权夺利有关，如“鸿门宴”“卧薪尝胆”“四面楚歌”“杞人忧天”“完璧归赵”等。

4. 来自行业用语

自从社会分工以来，人们所从事的职业千差万别，并逐渐把各个行业有关的用语应用于生活之中。英汉两种语言中有很多习语来自不同的行业，特别是发展最早的农业和工业，包括手工业、商业等。

由于英国是个岛国，农业耕作不是英民族的主要生活方式，因此其与农业耕种相关的习语不多。例如，“As cool as cucumber.”（泰然自若），“As a man sows，so he shall reap.”（种瓜得瓜，种豆得豆），“break ground”（开垦，破土动工）。而汉语中有大量的习语来自农业，这是因为中国自古就是一个农业大国，以农耕为主。这类习语有“根深蒂固”“男耕女织”“桃李满天下”“不耕不种”“前人栽树，后人乘凉”等。

此外，英语和汉语中有一部分习语还跟工业、餐饮业有关。例如：

A square peg in a round hole.

文不对题；不得其所。

Between the hammer and the anvil.

腹背受敌。

A little pot is easy hot.

壶小易热，量小易怒。

Out of the frying-pan into the fire.

才出狼窝，又落虎口。

班门弄斧

得寸进尺

姜还是老的辣

酒香不怕巷子深

5. 来自家庭生活

中西的家庭概念存在很大的差异。中国人有极强的宗族意识与家庭观念，老幼尊卑、忠孝悌信，是公认的信条。因此，汉语中也出现了很多反映汉民族关于生老病死、婚嫁养育的思想观念的习语，如“三姑六婆”“家书抵万金”“门当户对”“男大当婚，女大当嫁”“清官难断家务事”“父母在，不远游”等。

与汉语相比，英语中与家庭生活相关的习语数量比较小。例如：

smell of the baby 乳臭未干

John Thomson’s man 怕老婆的人

East or west，home is the best.

行遍天下路，还是在家好。

当然，习语的来源还涉及其他方面，这里不再一一赘述。

二、英汉习语的等值翻译

在翻译习语时，译者既要把原文的语言意义忠实地传达出来，又要把原文的文化内涵准确地表达出来，使读者能获得与原文相同的感受。因此，翻译习语时要求做到两个方面：一是求其易解；二是保存原作的风格。

翻译习语时，主要可采取以下四种翻译方法。

（一）直译法

直译法是指在符合译文语言规范的基础上，在不引起错误的联想或误解的前提下，保留习语的比喻、形象以及民族色彩的方法。英汉两种民族，在对客观事物的感受及社会经历等方面存在一定的相似之处，因此两种语言有少量相同或近似的习语，这些习语的字面意义和形象意义相同或近似，所传达出的文化信息也是基本一致的，这时可采用直译法进行互译。例如：

All roads lead to Rome.

条条大路通罗马。

An eye for an eye，a tooth for a tooth.

以眼还眼，以牙还牙。

Blood is thicker than water.

血浓于水。

秋风扫落叶 like the autumn wind sweeping away the fallen leaves

跑得了和尚，跑不了庙。

The monk may run away，but the temple can't run away with him.

少壮不努力，老大徒伤悲。

One who does not work hard in youth will grieve in vain in old age.

（二）意译法

有些习语由于文化因素的影响，在翻译时无法保留源语的字面意义和形象意义，如果直译影响理解，就得改用意译。可将原文的形象更换成另一个目的语读者所熟悉的形象，从而传达出原文的语用目的，译出其中隐含的意义。例如：

cost an arm and a leg 非常昂贵

born with a silver spoon 生长在富贵之家

When in Rome，do as the Romans do.

入乡随俗。

羊肠小道 narrow winding trail

赔了夫人又折兵 suffer a double loss instead of making a gain

杀鸡给猴看 make an example of a few to frighten all the rest

（三）套译法

由于英汉语言、文化背景等都存在很大的差异，在习语翻译时，有时无法保留源语中的比喻形象，需要转换为译语中读者所熟悉的形象。这时我们采用的就是归化翻译法，也就是用目的语里的同义习语去套译源语中的习语，尽管套译中的形象不同，但其喻义相似，使译文能与原文做到意义上的对等。例如：

Roman is not built in one day.

冰冻三尺，非一日之寒。

Fools rush in where angles fear to tread.

初生牛犊不怕虎。

Beauty is in the eye of the beholder.

情人眼里出西施。

说曹操，曹操到。

Talk of the devil and he is sure to appear.

周瑜打黄盖，愿打愿挨。

The punishment is skillfully given by one side，and gladly accepted by the other.

巧妇难为无米之炊。

Even the cleverest housewife can’t make bread without flour.

（四）直译意译结合法

有些习语翻译，不便于采用上述方法，可以采用直译与意译结合的方法来进行处理，把原文中通过直译可以明确传达其意义的部分直译出来，而不便直译的部分则意译出来，这样既准确传达了原义，又符合译语的表达习惯，易于理解。例如：

Caution is the parent of safety.

谨慎为安全之本。

A little pot is soon hot.

壶小易热，量小易怒。

守株待兔 to wait for windfalls

风餐露宿 brave the wind and dew

第五节　英汉典故差异与等值翻译

一、英汉典故比较

（一）典故的概念

邓炎昌和刘润清合著的《语言与文化》中指出："几乎所有的人在说话和写作时都引用历史、传说、文学或宗教中的人物或事件。这些人物或事件就是典故。"

《汉英双语·现代汉英词典》给典故下的定义为"诗文中引用的古代故事和有历史出处的词语"。

概括起来，凡在口头语和书面语中引用的古代故事、历史人物、历史事件和有历史出处的词语都属于典故的范畴。

一般而言，典故具有十分丰富的内容和浓厚的民族色彩，它是人们在对世界的认知过程中形成的一种语言形式，与特定的历史文化语境有着十分紧密的关系。不同文化背景下的人们，其思想观念、道德意识、价值取向、思维方式等都可以从典故中反映出来。

（二）英汉典故结构比较

英语中的典故结构一般较为灵活，字数可长可短，长的可以由几个单词或更多单词组成句子，如"One boy is a boy，two boys half a boy；three boys no boy."；短的只有一个单词，如"Watergate"（水门事件），"Eden"（伊甸园）。此外，英语中的典故往往可以独立成句，如莎士比亚作品中许多源自《圣经》的典故通常都是独立成句的。

汉语中，典故的语言形式往往具有用词简练、结构紧凑的特点，以词组性短语为主，也有少量的对偶性短句。典故演变为成语时，四字结构较多，很少有字数较多或单独成句的情况。此外，汉语中有相当大一部分典故是名词性词组，它们在句子中可以作一定的句子成分。

（三）英汉典故来源比较

1. 来自文学作品

英语中，有相当一部分典故出自一些著名作家的作品，如莎士比亚（Shakespeare）、狄更斯（Dickens）等。例如，罗密欧（Romeo）是莎士比亚戏剧《罗密欧与朱丽叶》中的男主人公，指英俊、多情、潇洒，对女人有一套的青年。克娄巴特拉（Cleopatra）是莎士比亚戏剧《安东尼和克娄巴特拉》中的人物，指绝代佳人。再如，英语中《奥德赛》（*Odyssey*）与《伊里亚特》（*Iliad*）合称为希腊的两大史诗，相传为荷马所作。该诗描述了希腊神话英雄奥德修斯（Odysseus）在特洛伊战争中以"特洛伊木马"攻破特洛伊城后，在海上漂流10年，战胜独眼巨神，制服了女巫，经历了种种艰险，终于回到了自己的国家，夫妻团圆。后来，用“Odyssey”一词喻指“磨难重重的旅程”或“艰难的历程”。

汉语中也有很多典故是出自文学作品中的事件或人物，如“馨竹难书”出自《吕氏春秋·明理》，“锦囊妙计”“三顾茅庐”“过五关斩六将”等出自《三国演义》，“像刘姥姥进了大观园”出自《红楼梦》，“猪八戒倒打一耙”出自《西游记》等。

2. 来自历史故事

英汉两种语言中具有大量的基于历史事件的典故。

英语中，“one's hair stands on end”这一成语被很多人认为是汉语中的“怒发冲冠”的意思，这是不正确的。据说，该成语最初是用以描述一个犯人的表情。1825年英国一个名叫普·罗波特（Robert）的偷马贼被处以死刑。目击他上绞刑架的人说，犯人由于恐惧而毛发竖立。因此，“make one's hair stand on end”与汉语中的“令人毛骨悚然”意思相同。再如，“I came，I saw，I conquered.”来源于这样一则历史故事：古罗马时期，恺撒（Caesar）与庞培（Pompeius Magnus）是政敌，庞培和元老院对权势日盛的恺撒存有戒心，就密谋撤销了他的高卢总督职务，恺撒和庞培后来兵戎相见。打败庞培时恺撒自豪地说道：“I came，I saw，I conquered.”用以表达他当时胜利后喜悦的心情，后成为语言精练的典范。

汉语中，出自历史故事的典故也十分常见。例如，“刻舟求剑”“八仙过海，各显神通”等。其中，有些典故表达了人们对历史的看法和评价，具有一定的社会认识价值，如“助纣为虐”“殷鉴不远”等；有些典故本身就是对历史事件进行的概括，如“口蜜腹剑”“负荆请罪”等。

3. 来自神话传说

英语存在很多源于神话故事的典故。例如，“Achilles' heel”（阿喀琉斯的脚踵）出自古希腊神话，用来比喻一个人或一个国家存在的致命弱点。再如，“Prometheus' fire”（普罗米修斯之火）出自希腊神话，现借喻赋予生命活力所不可缺少的条件，还可以用来指赞颂为崇高理想而燃起的心灵之火。

中华民族不仅历史悠久，而且还具有源远流长的神话传说。汉语中的“点铁成金”来源于古代神仙故事，说的是仙人用法术可以使铁变成金子，《列仙传》就谈到许逊能点石成金。后来用“点铁成金”比喻把不好的诗文改好。同类的典故还有“愚公移山”“夸父追日”等。

4. 来自风俗习惯

风俗习惯乃社会上长期形成的风尚、礼节。习惯的总和便构成了民间的风俗，它是社会文化的重要组成部分，是促使语言不断丰富和发展的源泉，也是典故产生的来源之一。

在英国文化中，人们习惯于用“打”来做计算单位，因此便有了“six of one and half a dozen of the other”，与汉语中的“半斤八两”的意思相同。

汉语中，“各人自扫门前雪，休管他人瓦上霜”这一典故与中国人民的生活习惯有关。在冬天下雪的时候，各家各户为了行走方便，各自清扫自己庭院中或门前的积雪。现在用该典故指各自为政，只考虑自己的利益而不顾他人或集体利益的行为。

5. 来自宗教

英语国家的主要宗教是基督教，因此很多典故出自基督教的《圣经》。据统计，《圣经》中仅收入辞典的典故就达七百多条。例如，“Solomon”（所罗门）出自《圣经》中的传说，用于比喻非凡的智慧。

汉语的典故大多与佛教有关，如“不看僧面看佛面”“急来抱佛脚”“拣佛烧香”“人不为己，天诛地灭”“道高一尺，魔高一丈”等。

6. 来自地名、人名、动植物名称等

英语中，出自地名的典故有“carry the coal to Newcastle”“Watergate”等；出自人名的有“be in Burke”；出自动物名称的有“shed crocodile tears”“a black sheep”等；出自植物名称的有“the apple of the eye”“paint the lily”等。

汉语中，出自地名的典故有“不到长城非好汉”等；出自人名的有“司马昭之心，路人皆知”“说曹操，曹操到”“东施效颦”等；出自动物名称的典故有“谈虎色变”“万马齐喑”“画龙点睛”等；出自植物名称的典故有“草木皆兵”“鸟语花香”等。

（四）英汉典故的民族特色

英汉民族在历史演变、生态环境、宗教信仰、风俗习惯等方面存在很大的差别，因此英汉两种语言具有十分鲜明的民族文化特色。典故是民族文化的一个缩影，其民族文化色彩突出地体现在典故喻体的采用和设喻形式上。

英汉两种语言中有些典故的喻义相同或相近，但所采用的喻体或设喻形式完全不同。例如，英语中的“stretch on the Procrustean bed”来源于希腊神话：相传普罗克鲁斯（Procrustes）是雅典一大盗，经常把俘虏绑在一张铁床上，如果身比床长，便斩其脚，如没有床长，便硬将其身子拉长。该成语指的是“强求一致”“不合理地要求按照同一标准办事”“不合理地迁就现成条件”。与“stretch on the Procrustean bed”相对应的汉语成语是“削足适履”，汉语中的“削足适履”出自《淮南子·说林训》：“骨肉相爱，谗贼间之，而父子相危。夫所以养而害其所养，譬犹削足适履，杀头而便冠。”这句话的意思是：脚大鞋小，把脚削去一部分以适合鞋的大小。后来用“削足适履”比喻勉强求合或不合理迁就现成的条件。英语和汉语中的这两个成语喻义相同，且生动形象，但都具有十分鲜明的民族特色，具有不同的联想意义。

再如，英语中的“paint the lily”与汉语中的“画蛇添足”。在西方人看来，百合花象征着“清白”“贞洁”，洁净素雅，高贵美丽。如果再为百合花饰粉抹彩，就破坏了原有的雅致，很显然是多此一举。而在中国文化中，蛇是没有脚的，画蛇添足反而使蛇不能称之为“蛇”。这两个典故虽然来源各异，但其寓意都是“多此一举”，可谓有异曲同工之妙，但同时二者又极富民族特色。

二、英汉典故的等值翻译

英汉典故的翻译应考虑文化这一重要因素，理解典故的历史文化背景和丰富的内涵，注意两种文化之间的差异，使用灵活的翻译方法，充分传达出源语典故中所包含的文化信息。

（一）直译法

对于典故的翻译，采用直译法可以保留原有的形象特征，有利于体现源语典故的民族特色。例如：

Mr. Vargas Llosa has asked the government "not to be the Trojan horse that allow the idealism into Peru".

凡格斯•珞萨王请求政府“不要充当把理想主义的思潮引入秘鲁的特洛伊木马”。

译文将“Trojan horse”直译为“特洛伊木马”，这是因为读者比较熟悉这一典故。该典故源自古希腊的一则传说：古希腊人攻打特洛伊城时，把精兵伏于木马内，诱使特洛伊人将木马放入城中，夜间伏兵跳出，里应外合，攻下此城。后来常用“特洛伊木马”比喻“内部颠覆者；内部颠覆集团；起内部破坏作用的因素”。

They were only crying crocodile tears at the old man's funeral because nobody had really liked him.

在老头子的葬礼上，他们只不过挤了几滴鳄鱼的眼泪，因为在他生前，没人真正喜欢他。

只因薛蟠天性是个“得陇望蜀”的，如今得了金桂，又见金桂的丫头宝蟾有几分姿色，举止轻浮可爱，便时常要茶要水的，故意撩逗她。

（曹雪芹《红楼梦》）

Now Xue Pan was a living example of the saying "To covet the land of Shu after getting the region of Long." After marrying Jingui, he was struck by her maid Baochan's charms. As she seemed approachable as well as alluring, he often flirted with her when asking her to fetch tea or water.

“得陇望蜀”出自《后汉书•岑彭传》：“人若不知足，既望陇，复望蜀”，意思是：既取得了陇右，又想进攻西蜀。后来用“得陇望蜀”来表示人的贪得无厌。作者采用直译，再加上原文“得陇望蜀”后面的那些话，前后呼应，浑然一体，生动形象，易于理解。

再如：

路遥知马力，日久见人心。

As distance tests a horse's strength, so time reveals a person's heart.

城门失火，殃及池鱼。

When the city gate catches fire, the fish in the moat suffer.

（二）意译法

由于英汉文化的差异，有些典故在翻译时无法保留源语的字面意义和形象意义，不便采用直译，这时需要意译。用意译法翻译，可以将典故的文化内涵传递出来。例如：

Smith often Uncle Tommed his boss.

史密斯常对老板阿谀奉承。

原文中的“Uncle Tom”（汤姆叔叔）是斯陀（Harriet Beacher Stowe）的小说《汤姆

叔叔的小屋》（*Uncle Tom's Cabin*）中的主人公，最初用来喻指“逆来顺受的黑人”“对白人卑躬屈节的人”。后来，“Uncle Tom”转化为动词，有“逆来顺受”“阿谀奉承”之意。因此，这里需要采用意译法进行翻译。

Sometimes a person who presents himself as kind and gentle can in private turn out to be a dragon，who breathes fire.

有时，某人在公开场合显得和蔼可亲、温文尔雅，而在私下里却像个凶神恶煞。

英汉民族对于“龙”（dragon）的理解不同，汉语中的“龙”是吉祥威猛的动物，而英语中的“dragon”，却指的是“喷火的怪兽”，是邪恶的象征。因此，在翻译时，要采用意译法。

It was another one of those Catch-22 situations，you're damned if you do and you're damned if you don't.

这真是又一个左右为难的尴尬局面，做也倒霉，不做也倒霉。

原文的典故来自美国小说《第 22 条军规》（*Catch-22*）。该规规定：飞行员如觉得自己神经不正常可以不执行飞行任务，但必须提出申请并经批准。显然，这条规则是矛盾的，因此“Catch-22”喻指“无法摆脱的困境或两难的境地”。如果不知道该典故的来源，是不能理解其喻义的，因此需要意译。

先生大名，如雷贯耳。小弟献丑，这是班门弄斧了。

（吴敬梓《儒林外史》）

Your great fame long since reached my ears like thunder. I am ashamed to display my incompetence before a connoisseur like yourself.

再如：

悬梁刺股 be extremely hard-working in one's study

罄竹难书（of crimes）too many to record

初出茅庐 at the beginning of one's career/young and inexperienced

（三）套译法

有些英汉典故在各自语言中可以找到与之对等的典故、成语或俗语，两者在意义、形象或风格上大致相同或相似，翻译时就可采取套译法，以使译文读者获得与源语典故相同的文化信息。例如：

Among the blind，the one-eyed man is king.

山中无老虎，猴子称霸王。

Like father，like son.

有其父，必有其子。

There is no smoke without a fire.

无风不起浪。

竭泽而渔 kill the goose that lays the golden eggs

过河拆桥 kick down the ladder

船到桥头自然直。

You will cross the bridge when you come to it.

需要注意的是，典故的互相套用是有条件的，不能随意使用。在翻译时，即使是一组意思相近的汉语和英语成语，还要考虑二者的确切含义和感情色彩等的差异。

（四）加注法

在对典故进行翻译时，有时在译文中保留了原文的典故形象，但由于英汉之间的文化差异，读者难以理解典故的含义，这时可以采用加注法加以说明，以使读者更好地理解原文的意思。例如：

I am as poor as Job，my lord，but not so patient.

我是像约伯一样的穷人，大人，可是却没有他那样的好耐性。

注：约伯，以忍耐贫穷著称的圣徒，见《圣经·约伯记》。

“那哪能知道？他们一东一伙，都是看透《三国志》的人。要我说，那一耳刮子，也是周瑜打黄盖，一个愿打，一个愿挨的。”

（周立波《暴风骤雨》）

“Hard to say. The two of them are hand in glove，and they’ve both read *the Romance of the Three Kingdoms*. I should say that box on the ear was skillfully given by a Chou Yu and gladly taken by a Huang Kai.”

Note：A fourteenth-century novel based on events which took place in the third century A.D. Chou Yu of the Kingdom of Wu and Huang Kai，another Wu general，cruelly beaten，and then sent him to the enemy camp in order to deceive the enemy.

第四章　中西数字、色彩词汇的文化差异与等值翻译

数字在人类历史文明的进程中以及人类的日常生活中都发挥着重要作用，它丰富了人类的历史和生活。大自然赋予了人间多彩的颜色，为人类的生活增添了色彩。可以说，数字和颜色都是人类文化的重要组成部分。但是因文化背景的差异，不同的民族对相同的数字、色彩的理解和产生的联想会存在巨大差异，而这种差异也会对数字和颜色的翻译带来困难。本章就重点分析一下中西数字、色彩文化差异及其等值翻译。

第一节　中西数字词汇的文化差异与等值翻译

一、中西数字词汇的文化差异

（一）一与“one”

在汉语文化中，“一”貌似是最为简单的一个数字，其实不然，实际上“一”是一个十分复杂的数字，具有非常神秘的色彩，并蕴含着深刻的文化内涵。

就哲学角度而言，数始于一，《说文解字》这样解释：“一，惟初太始，道立于一，造分天地，化成万物。”“一”是世界万物的本源。老子的《道德经》中有言：“道生一，一生二，二生三，三生万物。”可以看出，古代哲人们都是利用数字来表达辩证思想的：宇宙是对立统一的，“一”是天地开泰的太极数，是宇宙的起源，是万物之根本，同时又是万物发展之终结，如“九九归一”就是这一思想的体现。

就文学角度而言，“一”代表着从天而降“雨”上的“一”，又代表着“立”下的“一”，所以“一”是天和地的化身，代表着顶天立地。

因此，汉民族自古就对数字“一”有着崇拜之情，这一点在诸多的由“一”构成的习语中就能看出，如“一帆风顺”“一尘不染”“一针见血”“一触即发”等。

然而在英语中，“one”的文化内涵的丰富程度远不及汉语中的“一”。英语中的“one”多表示数量少、地位高、独一无二或相同的事物。例如：

the year one 很久以前

One above 上帝

one body is no body 一人等于没人

the Old One 魔鬼

be all one 都一样

（二）二与“two”

从哲学渊源的角度来讲，在中国古代神话中，盘古开天辟地，将原始混沌一分为二，阳清为天，阴浊为地。因此，《周易》中的“二”就有了“阴阳两仪”的象征：“易有太极，是生两仪，两仪生四象，四象生八卦，八卦定吉凶，吉凶生大业。”其中，“太极”指的是“宇宙天地万物的根源”，分为阴阳二气。而世界的万事万物无不是一分为二又合二为一的，而且始终处于不断的变化之中。由此可以看出，我国古人是持一种二元哲学观，也就是阴阳交合以生万物的辩证宇宙观。

从审美的角度来讲，汉民族自古就喜爱偶数，并以偶为美、以双为吉，讲究“成双成对”。而在古代的占卜中就存在大量二、四、六、八的偶数组合形式，这就可以看出，在古代偶数就已经与吉利有关了。

另外，在汉语中，“二”还有“两”和“双”的说法。一般情况下，“二”多代表其本意，如“说一不二”“心无二用”等；“两”和“双”与“吉利、美好”等含义有关，如“两袖清风”“两全其美”“两厢情愿”“双喜临门”“才貌双全”“成双成对”等。

中国人喜欢双数还表现在人际交往和文字表达上。中国人在人际交往中讲究送双份礼，而在写春联和修辞表达中多注重对偶、对仗等，而这些无不是中国人对偶数喜爱的体现。

但是在英语中，“two”却没有汉语中“二”的那种吉祥的含义，相反，“two”在英语中是个不吉利的数字。这主要源于两方面原因：一是西方传统认为每年第二个月的第二天对普路托（Pluto，冥王，为阴间之神）是个神圣的日子；二是“two”源于“die”（骰子）的复数“dice”，而“die”有“死亡”的含义。因此，在现代英语中，由“two”所构成的词语多表达中性甚至贬义的含义。例如：

It makes two to tango.

有关双方都有责任。

That makes two of us.

对我来说同样如此。

Two of a trade never agree.

同行是冤家。

（三）三与“three”

在汉语中，“三”的应用是非常广泛的，“三”在汉语中具有“生发、吉祥”之义，是寓意尊贵而成功的数字。老子《道德经》曰：“道生一，一生二，二生三，三生万物。”其中，“三生万物”的意思就是指世间及万事万物均由“三”衍生而来。另外，在《说文解字》中许慎对“三”进行了解释：“三，天地人之道也。”汉文化将宇宙分为天、地、人三个部分，认为宇宙乾坤是由“三维”构成的，所以古汉语中官位有三公，军有三军，祭祀有三牲，礼教有三纲。

此外，上至日月、下至人际关系都与“三”有着密切的联系。例如，日、月、星称为“三元”“三光”或“三辰”，前生、今生、来生称为“三生”，父、子、孙称为“三族”，君臣、父子、夫妇三种关系称为“三纲”，这些都与“三”有着密切的联系。

因“三”具有不“完美”之义，它和“九”就成为汉语中特有的可用于表示“满数”的这种非常规满数概念。汉语中含有“三”的许多习语都体现了这一点，如“三星高照”“三顾茅庐”“三足鼎立”“连中三元”“三思而行”等。

英语中的“three”虽与汉语中的“三”具有不同的文化内涵，却同样备受人们青睐。在英语文化中，“three”是一个表达完美的数字，代表着吉祥和圣洁。这主要与基督教所倡导的圣父、圣子和圣灵三位一体的宗教文化相关。例如，美国很多教堂被命名为“三一教堂”（Trinity Church）；英国很多大学的学院被命名为“三一学院”（Trinity College）。而且，在日常生活中，人们也常说“The third time is the charm.”（第三次定会有好运），“Number three is always fortunate.”（三号运气一定好）等。

另外，在英语中，“three”还有其他不同的引申含义。例如：

three-ring circus 乱糟糟的场面

three sheets in the wind 醉得东倒西歪

three handkerchief 催人泪下的伤感剧

（四）四与“four”

在汉语文化中，“四”自一产生就具有神圣的哲学意义，它象征着宇宙的灵魂。“上下四方曰宇，古往今来曰宙”，这是古人的宇宙观。《淮南子·览冥训》中谈到女娲补天时三次出现“四极往古之时，四极废……女娲炼五色石以补苍天，断鳌足以立四极……苍天补，四极正”。这里的“四极”并非单纯地指东南西北四方，而是泛指整个浩瀚无边的宇宙。《周易》中有“四象”之说，“四象”指的就是天地时空，实际上也就是指整个宇宙。另外，宇宙由水、火、土、气四种元素构成，一年由春、夏、秋、冬四季组成。由此不难看出，在古人的世界观中，“四”是一个整体且完整的概念，象征着周全。

根据上述观念，“四”又引申出了其他文化含义，即平稳、安定和昌盛。因此，在汉语文化中，常用“四海升平”来形容天下太平，用“治国四术”形容“忠爱、无私、用贤、度量”。而如果是世事动乱，则是“危机四伏”“烽烟四起”。

但是在汉语中，“四”与“死”谐音，因此“四”以及与之相对应的阿拉伯数字“4”多被看作是不吉利的数字。例如，宾馆避免设 4 号房间，医院避免设 4 号床位，而带有 4 的车牌、电话号码等也普遍不受欢迎。

“four”在英语文化中也有着丰富的文化内涵。在英语中，“four”常与“不体面、猥亵”之意相联系。例如，“the fourth”（第四）是卫生间的隐晦说法，“four-lettered words”（四字词组）指脏话等。此外，西方人一般认为选择周四结婚不吉利，因此在结婚时都尽量避开周四。另外，“four”在英语中还有其他文化含义，如“Four Hundred”表示上层人士、社会精英。

然而，在现代英语中，“four”多用于科技和运用领域，不再具有任何的褒贬色彩。例如，“four-dimensional”（思维的）、“four-some”（双打）等。

（五）五与“five”

在汉语文化中，“五”是最具神秘色彩的数字之一。由于“五”为奇数，属阳数，位于一至九的数字正中间，因此在《易经》中被称作“得中”。这与中华民族对事物主张采取中庸之道、不偏不激的观点一致，因此“五”被看作是和谐的象征，备受人们青睐。例如，汉语中有仁、义、礼、智、信“五常”，有君臣、父子、夫妻、兄弟、朋友“五伦”，有父义、母慈、兄友、弟恭、子孝“五义”，有东、南、西、北、中“五方”，有水、火、木、金、土“五行”，有青、赤、黄、白、黑“五色”，有甜、酸、苦、辣、咸“五味”等。

然而，英语中的“five”与汉语中的“五”有着截然不同的文化含义。在英语中，“five”被看作是一个不吉利的数字。“five”的这一内涵主要源于宗教因素，在《圣经》中，耶稣于星期五被钉在十字架上，因此“Friday”具有“厄运”的象征意义，被称为“黑色星期五”。英语中与此有关的表达有“the Fifth Column”，通常指“被敌军收买的内奸”。

（六）六与“six”

“六”在汉语数字系统中并无特别之意，同“五”一样多用于概括具体的列举。例如，“六合”在古代是指天地和东南西北，如“六合之内”“六合同风”；“六神”指道教所认为的由神灵主宰的人的心、肺、肝、肾、脾、胆，如“六神无主”“六神不安”；“六亲”指父、母、兄、弟、妻、子，如“六亲不认”“六亲不和”；“六畜”指马、牛、羊、猪、狗、鸡六种家畜，如“六畜不安”等。

在现代汉语中，“六”在人们心目中具有美好的联想，并常将“六”同“顺利”联系在一起，有“六六大顺”之说。例如，一些公司、企业都将开业庆典选在含有“六”的日子中，新人结婚也将此类日子作为首选，人们还喜欢带“六”的车牌号码、电话号码等。

但在英语中，“six”不但没有美好吉祥的含义，反而有时具有贬义的内涵。例如，666 在基督教文化中是撒旦的代名词。“six”的贬义色彩在一些习语中也有所体现。例如：

at sixes and sevens 乱七八糟

knock somebody six or hit somebody for six 将某人彻底打败

（七）七与“seven”

在汉语文化中，“七”是一个神圣的数字，有着丰富的民族文化内涵，人们对它也有一种神秘感情。人有“七情”——喜、怒、忧、思、悲、恐、惊；音谱有“七声”——宫、商、角、徵、羽、变宫、变商；光有七谱——赤、橙、黄、绿、青、蓝、紫；宝有“七珍”——金、银、琉璃、砗磲、玛瑙、琥珀、珊瑚。

在古时，人们就对“七”有了崇拜之情，这可能源于月亮周期，月初，上弦月，满月，下弦月，以七日为周期。因人们崇拜“七”所以由两个“七”组成的“七·七”当然更具神秘色彩，也更受人们的喜爱。据我国古书《太平御览》卷 31 记载，“七月黍熟，七日为阳数，故以麋为珍”。“七月七日为良日”，故把它作为庆贺秋收的吉庆日子，汉魏时把这一天作为集会游乐之日。然而，这一天更多的是被看作是相爱之人会面的美好日子，据《续齐谐记》载“七月七，织女渡河，诸仙悉还宫”。

另外，数字“七”还常与祸福、时间等大事有关。例如，“七”被看作是一个女子生命周期各个阶段的标志；人在死后七天称“头七”，此后七天一祭，祭完七七四十九天即是“断七”，丧祭结束。“头七”“断七”这种说法主要源自佛教和道教，认为人出生后四十九天魂魄才会生成，如果魂魄散去也要四十九天。

在英语中，数字“seven”与单词“heaven”（天堂）无论从读音上还是拼写上都十分相似，因此“seven”也就有了积极的联想意义，往往预示着快乐与幸福。另外，在犹太人的文化中，第七重天为最高，而且上帝就居住在里面，因此“seven”也就有了很多美好的意义。例如：

The Seven Heavens 七重天

The Seven Sacraments 七大圣礼

The Seven Virtues 七大美德

The Seven Spiritual Works of Mercy 七大精神善事

The Seven Corporal Works of Mercy 七大肉体善事

The Seven Gifts of the Spirit 圣灵的七份礼物

（八）八与“eight”

在汉语中，由于“八”与“发（财）”谐音，因此“八”就成了极受人们喜爱的数字，它是财富、美好和富足的代表。例如，不管是门牌号、房间号、手机号还是日期等，只要其中含有“八”都会被人们看作是大吉大利的。

起初，含有数字“八”的习语多表示实义数字，但因长期使用而演变成表示“多”之隐喻义了。例如，“八音”原指金、石、土、革、丝、木、匏、竹等八音，习语有“八音齐奏”“八音迭奏”等；“八方”原为四方（东、南、西、北）和四隅（东南、东北、西南、西北）的总称，习语有“八方支援”“八方风雨”等；“八斗之才”多指人富有才华，源自宋无名氏《释常谈·八斗之才》。谢灵运尝曰：“天下才有一石，曹子建独占八斗，我得一斗，天下共分一斗。”

在西方文化中，“eight”虽然具有某些历史和宗教含义，但总体来说“eight”并没有什么现实意义，也不具有相应的文化关联性，而是多与其他词汇一起构成短语。例如：

behind the eight ball 穷途末路，处于不利地位

have one over the eight/be over the eight 酩酊大醉

（九）九与“nine”

“九”是汉语里一至十的数字中最大的阳数，是数字“三”的满三的倍数，被视为天数。又因为“九”是龙（在中国古代，数字“九”即为龙）的图腾化文字，天有九层，九重天是天的最高处，由此演化出神圣之意，享有独特的尊贵位置。例如，“九五之尊”就用来称呼古代的帝王。可见，汉民族自古就有崇拜“九”的文化传统。

在中国古代，“九”即为龙。在夏朝，“九”并非数字，而是龙，即蛇，是先夏和夏人崇拜之神物，是夏氏首领及族名的标志。所谓“九州”，本义即“龙州”，“龙州”是权力的象征，是夏禹统治的区域。“九鼎”亦即“龙鼎”，《九歌》亦即《龙歌》，是朝典圣乐。

除上述文化内涵外，“九”还具有“多、无穷、所有”的文化内涵，如“九天揽月”“九霄云外”“九死一生”“九牛一毛”“一言九鼎”等。又因为“九”与“久”谐音，因此“九”又有了“长久”之意。

人们由于喜爱“九”，因此也连带喜欢“九”的倍数，如十八、三十六、七十二、八十一、一百零八。例如，汉朝刘向的《烈女传》著录了七十二位贤德女士；《西游记》中的孙悟空有七十二变，唐僧取经历经八十一难；《水浒》有一百零八位好汉；《红楼梦》描写了一百零八位女子。

在英语中，数字“nine”并没有汉语中“九”那样丰富的文化内涵，但与之相关的成语却十分常见。例如：

crack up to the nine 十全十美

on cloud nine 幸福无边冲上九重天

be dressed up to the nines 盛装出席

a stitch in time saves nine 一针不缝，九针难补

（十）十与“ten”

在汉语文化中，“十”象征着圆满，有“完全、达到顶点”之意。《说文解字》中对数字“十”的解释是：“‘十’字中，‘一’为东西，‘|’为南北，如此则‘四方中央备矣’，故曰：‘十，数之具也。’”

所谓“十，数之具也”，表面上是说一至十数，数至十而全。实际上“十”字却是易学历法思潮的表现，象征中国古代时空合一的宇宙观。关于“十”的成语在汉语中十分常见，如“十年寒窗”“神气十足”“十全十美”“十恶不赦”“十面埋伏”等。

在英语文化中，“ten”与汉语中的“十”有着相似的文化意象，都表示圆满。古希腊哲学家、数学家毕泰戈拉为代表的毕泰戈拉哲学派认为，“十这个数目是完满的，包括了数目的全部本性”。所以，英语中表示夸张时常用十的倍数，这也就解释了“ten thousand”在英语中如此常见的原因。

（十一）十三与“thirteen”

数字“十三”在汉语文化中多呈现出褒义的内涵。例如，主宰中华思想文化的儒家经典俗称“十三经”，《孙子兵法》有十三篇，明代帝陵合称十三陵。

但英语中“thirteen”的文化内涵与汉语中的“十三”呈现出巨大的差异。在西方国家，数字“thirteen”被认为是不吉利的数字，会给人带来不幸。而这一贬义内涵主要源自《圣经》。《圣经》记载，耶稣是被他的第十三个门徒犹大出卖的，并被罗马人于13日星期五钉死在十字架上。因此，在西方国家人们常避免使用“thirteen”这个数字。例如，人们

避免在每月的 13 日举行庆典等喜庆活动；宴会上避免 13 个人同坐一桌，也避免上 13 道菜；高楼的第 13 层用 12A 表示等。如果在生活中不得不提及数字 13，人们就会用“a devil's dozen”“a baker's dozen”和“a great dozen”等来代替。

二、中西数字词汇的等值翻译

通过以上内容可以发现，中西数字文化有着显著差异，呈现出不同的文化内涵，要想对这些数字进行准确、等值的翻译，就要在深刻理解不同数字的文化内涵以及中西数字文化内涵差异的基础上，采用有效的翻译方法。

（一）一般数字的等值翻译

1. 直译法

所谓直译，就是在数字翻译过程中，将原文中的数字用译入语中与之相对应的数字来代替。这种翻译方法适用于两种语言在数字方面完全对等的情况。例如：

Reach the sky in one step.

一步登天。

One day apart seems three autumns.

一日不见如隔三秋。

The building is over fifty stories high.

这座大楼有五十多层高。

To begin with，30-meter high steel scaffolding is to be placed around the tower.

首先，在塔的周围搭起三十米高的钢制脚手架。

宝玉笑道：“这些都不中用的。太太给我三万六千两银子，我替妹妹配一料丸药，包管一料不完就好了。”

（曹雪芹《红楼梦》）

“Those remedies are useless，” protested Baoyu. “If you'll give me three hundred and sixty tael of silver，I'll make up some pills for my cousin and I guarantee she'll be cured before they're all taken.”

男男女女都七嘴八舌地说出他们的惦记和盼念。

（周立波《暴风骤雨》）

With seven-mouths and eight tongues，all were talking together. They tried to tell Hsiao how they had missed him.

2. 借用法

在英汉两种语言中，有些数字无论是内容和形式上都十分相似，而且具有相同的意义和修辞色彩，此时就可以考虑在不损害原文含义的条件下，采用借用法进行翻译。例如：

It is six of one and half a dozen of the other.

半斤八两。

The days of our years are three score years and ten.

人生七十古来稀。

吃一堑长一智。

A fall into the pit，a gain on your wit.

一朝被蛇咬，十年怕井绳。

The burnt child dreads the fire.

3. 意译法

每个数字都有特定的文化内涵和表达习惯，如果进行照搬直译，会使译文显得晦涩难懂，也不利于读者理解，此时就要采用意译法，灵活翻译，以准确传达原文的文化含义。例如：

big and tall 五大三粗

It's none off my business.

管他三七二十一。

The children was in the seventh heaven with their new toys.

孩子们有了新玩具都高兴极了。

Across the street on the side of a house was painted a giant woman with a five-foot smile and long blond hair，holding out a giant bottle.

街对面的墙上有一幅大型广告画——一位肩披金色长发的女郎，笑容满面，手里举着一个大瓶子。

三思而后行。

Look before you leap.

李逵真个不吃酒，早晚只在牢里服侍宋江，寸步不离。

（施耐庵《水浒传》）

Li K'wei kept his words，and not only abstained from wine，but also waited closely upon Sung Chiang.

而且这规则是不像现在那样朝三暮四的。

（鲁迅《灯下漫笔》）

And these rules，unlike those we have today，do not change all the time.

（二）概数的等值翻译

概数就是用来表示简略、大概情况的数字。英语和汉语中存在大量这样的数字。以下就来简要介绍一下概数的等值翻译。

1. 表示"多于"或"多"

表示"多于"或"多"之类的概数，可用"more than，above，over，past，in excess of，or more，long，odd"等词，再加上英语的数词进行翻译。例如：

We work forty odd hours a week.

我们每周工作 40 多个小时。

This car has run a long thousand miles.

这辆车已经跑了 1 000 多英里。

It took me more than four hours to finish the work.

我花了 4 个多小时才完成这项工作。

There are five thousand odd students in that middle school.

那所中学有 5 000 多名学生。

英语中有时也用具体的数字来表达“多”的概念。例如：

I have told him fifty times.

我给他讲过多少遍了。

We have a hundred things to do.

我们有许多事情要做。

He is ten times the man you are.

他比你高明多了。

2. 表示“不到”或“少于”

表示“不到”或“少于”之类的概数，可用“less than，under，below，off，or less”等词，再加上英语的数词进行翻译。例如：

less than/under/below eighty *yuan* 不到 80 元

The thermometer stood below 20°C.

温度计显示的温度不到 20 度。

The boss gave her three hours or less.

老板最多给了她三个小时。

She bought the bike at 50 *yuan* off the price list.

她以低于价目表 50 元的价格买下了这辆自行车。

3. 表示“刚好”“整整”“不多不少”

表示“刚好”“整整”“不多不少”的概念，可借助“flat，sharp，cool，just，whole，exactly”等词进行翻译。例如：

He finished the homework in 2 hours flat.

他写完作业正好用 2 个小时。

The teacher visited cool 30 students the whole day.

那位教师一整天走访了整整 30 个学生。

4. 表示“大约”“左右”“上下”

表示“大约”“左右”“上下”“将近”或诸如此类的概数时，可用“nearly，about，some，around approximately，more or less，in the region of”等词，再加上英语的数词进行翻译。例如：

approximately 50,000 tons 约 5 万吨

three weeks or so 大约三周

in the region of 6,000 *yuan* 6 000 元左右

I get up around seven every morning.

我每天早上七点起床。

His monthly pay is in the region of 7,000 *yuan*.

他的月薪在 7 000 元左右。

5. 不定量词短语的翻译

不定数量短语大多由数词和介词或其他词类搭配而成，常用来表示不确切的范围或概念，有时也可表示事物所处的状态或其他情况。例如：

one or two 少许；几个

by ones or twos 三三两两；零零落落

two by two 两个两个地

two over three 三分之二

in two twos 立即；转眼

fifty-fifty 各半的；平均

nine tenths 十之八九；几乎全部

a few tenths of 十分之几；有几成

by halves 不完全

by one hundred percent 百分之百的；全部

a thousand and one 无数的

a hundred and one 许多

billions of 几十亿

hundreds of millions 亿万

thousands upon thousands 成千上万

by hundreds/hundreds of 数以百计

by thousands/thousands of 数以千计

第二节　中西色彩词汇的文化差异与等值翻译

一、中西颜色词汇的文化差异

（一）白色与“white”

1. 白色与“white”的文化内涵

白色是一种非常普遍的颜色，它存在于任何一种语言中。在汉语中，白色有着丰富的文化含义，这些含义之间相差很远甚至相互矛盾。以下就从不同层面来分析一下白色的文化内涵。

在汉语中，白色有着明显的褒义含义。在现代社会中，人们普遍将白色看作女性美和婴儿健康的标准。人们一般认为，美丽的女性应看起来白皙，因此汉语中有“一白遮百丑”的说法。而当人们看到婴儿时，一般喜欢用“又白又胖”来表达对婴儿的喜爱。

除具有褒义的含义之外，白色在汉语中还有着诸多贬义的含义，具体如下。

①表示诀别、凶兆和死亡。据《史记·荆轲传》中记载，当荆轲与太子丹诀别时，众人于易水河边相送：“皆白衣冠以送之。”可见，白色具有诀别之意。而在古典小说《三国演义》中多次提到因送别亡人时，身着白衣白冠相送。由此可见，白色象征着死亡。并且直到现在，如有人去世，后人仍身着白衣为其送终。

②表示落后、反动或投降。受政治因素的影响，白色在其历史演变过程中具有了腐朽、反动、落后等象征意义。例如，“白色政权”专指反动政权；“白色恐怖”指反动政权制造的镇压革命的恐怖氛围；“白军”则指反动军队。而在战争中，失败的一方总示白旗以表投降，这也就是白色所表示的投降之意。

③表示愚蠢、失败、无利可得。在汉语文化中，人们通常把智力低下的人称为“白痴”，把出力而得不到好处或没有效果称作“白忙”“白费力”“白干”等。

④表示知识浅薄，没有功名。在古代，人们常称平民百姓为“白衣”“白丁”，称缺乏锻炼、阅历不深的文人为“白面书生”等。

⑤白色不仅具有褒义和贬义含义，还有中性意义，表示“明白、清楚”。例如，“不白之冤”是指难以洗雪、无法破解的冤情；“大白于天下”意为找到事实真相，并将其公之于众。

在英语中，“white”也有着丰富的文化内涵，具体表现在以下几个方面。

在英语中，“white”最基本的含义就是纯洁。西方人在举行婚礼时，新娘就身穿白色婚纱，手捧鲜花，新郎身穿白色西服，胸前插有象征爱情的红色玫瑰花。这显然不同于汉语文化中白衣为孝服的意义。但是随着中西文化的交融，现在很多中国人在结婚时也身穿白色婚纱，表示“纯洁无瑕”。

此外，在英语中“white”还象征着快乐、欢悦和吉利。例如，“a white day”（吉日），“a white Christmas”（欢快的圣诞节）。其中圣诞节是西方国家最重要的节日，西方人喜欢滑雪、滑冰等户外运动，而圣诞节正是冬季滑雪的最好时候，因此西方人将圣诞节称之为“white Christmas”。

英语中“white”还有“善意”之意，如“a white lie”（一个善意的谎言）。

2. 白色（white）的词语构成

①英语和汉语中均用“白”（white）构成且意义相同的词语。例如：

white collar 白领

white book 白皮书

white man 或 white people 白人

white sugar 白糖

white crane 白鹤

white house 白宫

white hot 白热化

white wine 白葡萄酒

white goods 白色家电

②英语中用“white”而汉语中不用“白”所构成的词语。例如：

white frost 厚霜

white rage 震怒

white water 浪花

white rainbow 雾虹

white face 丑角

white crop 谷类作物

white coal 水力发电

white hands 纯洁，清白

white night 不眠之夜

white spirit 纯洁的心灵

white list 优秀者名单

white sheep 坏人中的好人

white space 印刷中的空白处

white hope 极有前途或希望的人

white wedding 纯洁的婚礼

white noise 电器中的背景噪声

white war 不流血的战争，经济竞争

white-collar worker 脑力工作者

white elephant 累赘，昂贵无用的东西

（二）黑色与“black”

1. 黑色与“black”的文化内涵

同白色一样，黑色也是一种十分普遍的颜色，但却是一个并不惹人喜欢的颜色。在汉语文化中，黑色的内涵非常复杂，而且总是处于一种矛盾的对立含义当中。总体而言，黑色的文化内涵褒贬共存。

在汉语中，黑色表示尊贵和庄重，这也是黑色最突出的褒义含义。在春秋时期，黑色曾经是官员上朝所穿朝服的颜色，古书《毛诗故训传》有这样的解释：“缁，黑色，卿士听朝之正服也。”可以看出，在古代黑色有着极高的地位。直到今天，人们仍通过黑色来表示“庄重、显贵、正式”，如公务车多以黑色为主，以给人稳重、显赫的印象。

黑色还具有刚直不阿、公正无私的褒义含义。例如，在戏剧舞台上，人们一般用黑色或以黑色为主色调来表示刚直不阿、严正无私和憨厚忠诚的人物特点，如在戏剧中包拯、张飞、李逵等人的脸谱都是以黑色为主的。

此外，在汉语中，黑色也有着明显的贬义色彩。由于黑色很容易使人联想起黑夜，因此黑色便有了负面的联想。例如，当人们想起黑夜时，会感到恐怖和无助；当人们看到黑色的动物时，如乌鸦、猫头鹰、猪等，常会产生厌恶之感。

另外，黑色还有反动、邪恶的象征意义。这一点在用黑色来表示的词语中就有所体现，如抹黑、黑势力、黑幕、黑手、黑社会、黑帮、黑名单、黑市、黑店、黑心、黑交易、黑道、黑账、黑金等。

由于黑色几乎存在于任何一种语言中，具有普遍性和典型性，因此英语中的“black”有着与汉语中黑色相似的含义，即都有表示贬义的含义，如“blacklist”（黑市）、“black-hearted”（黑心肠的）等。但是，黑色在英语文化中又与汉语文化有一些微妙的差别。以下我们就从褒贬两个方面来说明“black”的文化含义。

就褒义含义来讲，“black”有“庄重、尊贵”的含义。在西方国家，一些上流社会阶级的人士都喜欢身穿黑色的服饰，以彰显其尊贵、庄重。例如，英语中就有“black suit”（黑色西装）、“black dress”（黑色礼服）等词语。此外，“black”还有盈利的文化含义。这主要源于西方人记账用黑色字体来标注盈利数字的习惯，因此英语中就有了“in the black”（盈利、有结余）的说法。

就贬义含义来讲，“black”有悲哀、凶兆、死亡和灾难的含义。黑色是西方葬礼服装的标准颜色。例如，“a black letter day”（凶日）、“black words”（不吉利的话）、“to wear black for her father”（为她父亲戴孝）。此外，“black”还表示耻辱、邪恶；没有希望；气愤、愤怒等含义。例如，“a black eye”（丢脸、坏名声）、“Black Man”（邪恶的恶魔）、“black guard”（恶棍）、“the future looked black”（前景暗淡）、“black mood”（情绪低落）、“be black with anger”（怒气冲冲）等。

2. 黑色（black）的词语构成

①英语和汉语中均有用“黑”（black）构成的意义相同的词语。例如：

Black Hand 黑手党
black ice 黑冰
black box 黑匣子
black letter 黑体字
black pepper 黑胡椒
black humor 黑色幽默
black Friday 黑色星期五
Black English 黑人英语
black money 未交税的黑钱
the black prince 黑衣王子
black market deal 黑市交易
②英语中用“black”而汉语中不用“黑”所构成的词语。例如：
black dog 沮丧
black bird 画眉
black lead 石墨
black man 恶魔
black guard 恶棍
black copper 粗铜
black frost 严霜
black flag 海盗旗
black draught 泻药
black crop 豆类作物
black words 不吉利的话
black art 魔术，巫术
black-and-blue 青肿的
black deeds 凶恶的行为
black top 沥青路面
black in the face 面带笑容
black sheep 害群之马
black stranger 完全陌生的人
black ball 投反对票以反对某人成为其会员
③汉语中用“黑”而英语不用“black”所构成的词语。例如：
黑暗 dark
黑话 double-talk
黑货 smuggled goods
黑钱 ill-gotten money
黑车 unlicensed vehicle

黑手 evil backstage manipulator

黑幕 sinister plot 或 inside story of a plot

背黑锅 to be the scapegoat 或 to take the blame for other

（三）红色与“red”

1. 红色与“red”的文化内涵

红色在汉民族中一直备受青睐，它象征着热烈、欢快、喜庆和吉祥，能给人带来喜悦和美感。在中国古代，王公贵族所居住的豪宅大院其大门多漆为红色，用以象征富贵。如今，中国人在结婚、过节、欢庆时仍用红色作为装饰色调，以烘托喜悦的气氛。

另外，由于红色与血、火的色彩相似，因此在中国红色还用来代表革命，这也就使得红色有了政治色彩。例如，20 世纪中国共产党所领导的大革命时期就有红军、红旗、红心、红区、红色政权、红色根据地等。总体来讲，在西方人看来，红色就是中国最具代表性的象征之一。

英语中的“red”与汉语中的红色有着局部相似的文化内涵，即都表示荣誉、尊贵和喜庆。西方在欢迎贵宾的礼节上就喜欢用红色以示敬意，如在迎接其他国家的首脑时西方国家常使用红地毯（the red carpet），以表示尊重和欢迎。

但是，在英语中“red”更多的是表示贬义的含义，具体如下。

①表示暴力、流血。在西方，红色在西方人心目中是鲜血的颜色，而西方人视鲜血为“生命之液”，并认为一旦鲜血流淌出来，就意味着生命的凋零，因此西方人常将红色与暴力、恐怖、流血等联系在一起。例如，“a red battle”（血战）、“red revenge”（血腥复仇）、“the red rules of tooth and claw”（残杀和暴力统治）。

②表示激进、危险。例如，“red hot political campaign”（激烈的政治运动）、“red alert”（空袭报警）。

③表示淫秽、放荡。红色在西方具有“邪恶的美”“性”“诱惑”等隐喻意义，因此红色就有了放荡与淫秽的象征意义。例如，“a red light district”（花街柳巷）、“a red waste of his youth”（他那因放荡而浪费的青春）、“paint the town red”（花天酒地地玩乐、出没于娱乐场所）。

④表示负债、亏损。西方人在记账或结算财政收支时习惯用红笔登记净收入为负数的损益表，以达到醒目的目的，因此“red”就有了负债的象征意义。例如，“in the red”（亏本）、“red ink”（赤字）、“red balance”（赤字差额）。

2. 红色（red）的词语构成

①英语和汉语中均用“红”（red）所构成意义相同的词语。例如：

red bird 红雀

red light 红灯

red envelope 红包

red lantern 红灯笼

red cross 红十字
red pencil 红铅笔
red rose 红玫瑰
red pepper 红辣椒
red carpet 红地毯
red chip share 红筹股
red blood cell 红细胞
red and swollen 红肿
red scarf 红领巾，红围巾
red meat 红肉，即牛羊肉

②英语中用“red”而汉语中不用“红”所构成的词语。例如：

red-fish 鲈鱼
red ruin 火灾
red sky 彩霞
red man 印第安人
red cent 一分钱
red copper 紫铜
red spruce 云杉
red root 美洲茶
dirty-red 暗红色
red ball 特快列车
red lights 妓院
red-neck 乡巴佬
red hot 炽热的，狂热的
red tape 官样文章，繁文缛节
to be caught red 现场被捕
to roll out the red carpet 隆重欢迎
to see red 发火，火冒三丈
a red-letter day 喜庆之日
red wind 能吹凋树木之风

③汉语中用“红”而英语中不用“red”所构成的词语。例如：

红豆 love pea
红运 good luck
红尘 human society
红绿灯 traffic lights
红利 dividend，bonus
红外线 infrared ray

鲜红、朱红 scarlet

红光满面 glowing with health

红药水 mercurochrome

红薯 sweet potato

红烧肉 pork braised in brown sauce

（四）绿色与“green”

1. 绿色与“green”的文化内涵

绿色是一种令人赏心悦目的颜色，是一种平衡色。因此，在汉语文化中，绿色多代表春天，象征着希望、和平、生命和青春。看到绿色，人们很自然地会想到大自然，因此中国古代文人非常喜欢用绿色来描写大自然。例如，唐代诗人柳宗元的“欸乃一声山水绿”，宋代诗人王安石的“春风又绿江南岸”，都是对绿色的颂扬。又由于绿色是草木之本色，所以人们常将一些与之有关的事物称为绿色，如将健康的食品称为“绿色食品”，将植树造林工程称为“绿色工程”等。

另外，绿色在汉语文化中还有“不忠”的意思。如果妻子有了外遇，其丈夫就会被讥讽为“戴绿帽子”。

相较于汉语，英语中“green”的含义就显得丰富许多。其含义具体包含以下几个方面。

①表示新鲜、有活力。例如：

green meat 鲜肉

a green wound 新伤口

a green age 老当益壮

in the green 血气方刚

in the green wood 青春期

②表示幼稚、新手、没有经验、不成熟等。例如：

as green as grass 幼稚

green hand 新手

to be green as grass 幼稚，无经验

Do you see any green in my eye?

你以为我是幼稚可欺的吗?

You are expecting too much of him. He’s still green，you know.

你对他要求太高，他还没经验。

③表示嫉妒。例如：

green with envy 眼红

a green eye 嫉妒的眼睛

green-eyed 害了红眼病，妒忌

④表示钞票、金钱。因绿色是美国钞票的主导色，因此绿色就成了美钞的代名词。例如：

green back 美钞

green power 金钱的力量，财团

2. 绿色（green）的词语构成

①英语和汉语中都用“绿”（green）构成的且意义相同的词语。例如：

green card 绿卡

green field 绿野

grass-green 草绿色

sea-green 海绿色

vivid green 鲜绿色

bottle green 深绿色

greenbelt 绿化地带

olive green 橄榄绿

apple green 苹果绿

green revolution 绿色革命

②英语中用“green”而汉语中不用“绿”所构成的词语。例如：

green food 蔬菜

green meat 鲜肉

green pepper 青椒

green grass 青草

green house 温室，花房

green crop 青饲料作物

green sea 冲击船首的巨浪

green fruit 未熟的水果

green timber 未干的木材

green thumb 善栽花草的人

a green old age 老当益壮

to look green 面带笑容

in the green 血气方刚，年轻力壮

（五）蓝色与“blue”

1. 蓝色与“blue”的文化内涵

蓝色是天空和大海的颜色，所以一看到蓝色就能给人一种轻松明快的感觉。但是在汉语中，以蓝色为核心的词语并不多见，蓝色一般用于就事论事，其引申含义较少。例如，《荀子•劝学》中的“青，取之于蓝而青于蓝”，白居易《忆江南》中的“日出江花红胜火，春来江水绿如蓝”表达的都是其本身颜色。如果说象征意义的话，在现代汉语中，蓝色的一个比较常见的代表意义是“依据”，如“蓝本”“蓝图”。

相较于汉语中蓝色含义的匮乏，英语中“blue”的意义可谓五彩缤纷。在英国文学

史上，很多诗人都喜欢借助蓝色来咏天颂海。下面来看英国诗人普罗克特（Bryan Waller Procter）的 *The Sea*（《大海》）：

The sea! The sea! The open sea!
The blue，the fresh，the ever free!
Without a mark，without a bound，
It runneth the earth's wide regions round!
It plays with the clouds；it mocks the skies；
Or like a cradled creature lies.

大海啊大海，漫无边际的大海！
湛蓝，清新，永远自由自在！
没有疆界，没有标记，
绕着辽阔的大地铺排；
嘲笑天空，戏弄浮云，
有如躺在摇篮中的婴孩。

此外，在英语中，“blue”还有着其他深层次的文化内涵，具体表现在以下方面。

①象征地位的高贵。例如：

blue-blooded 贵族出身的

blue blood 贵族血统、名门望族

blue-eyed boy 宠儿、红人

②象征法规的尊严。例如：

blue laws 严格的法规

blue nose 严守教规的卫道士

③象征情绪低落的感情。例如：

a blue day 忧郁的一天

in a blue mood 处于忧郁的情绪中

have a fit of the blues 沮丧的，低沉的

④表示突然、迅速。例如：

blue streak 一闪即逝的东西

⑤象征色情和下流。例如：

blue films/movies 黄色电影

blue jokes 下流的玩笑

blue books and periodicals 黄色书刊

2. 蓝色（blue）的词语构成

①英语和汉语中均用“蓝”（blue）所构成的意义相同的词语。例如：

blue sky 蓝色天空

blue chip 蓝筹股

blue collar 蓝领

blue book 蓝皮书，名人录

blue helmet（维和部队的）蓝盔

②英语中用“blue”而汉语中不用“蓝”所构成的词语。例如：

the blue 大海

blue water 深海

Blue Nile 青尼罗河

blue jacket 水手

blue bell 风铃草

blue-sky 不切实际的

blue card 离婚证书

blue house 内客厅

blue blood 贵族

blue coat 警察

blue wood 高级有光羊毛

blue fish 大西洋的青鱼

blue stocking 女才子

blue woman 有学问的女性

blue ribbon 最高荣誉，头奖

a blue moon 千载难逢之机

till all is blue 到极点，无限期的

into the blue 遥远的，无踪无影

blue in the face 精疲力竭，脸色铁青

③汉语用“蓝”而英语不用“blue”所构成的词语。例如：

蔚蓝 sapphire

天蓝 azure

蓝本 original version

蓝宝石 sapphire

（六）黄色与“yellow”

1. 黄色与“yellow”的文化内涵

在汉语文化中，黄色的文化含义十分丰富。首先，黄色是尊贵、皇权和富足的代表，象征着至高无上的地位。在远古时期，土地是人们赖以生存的依靠，更是社会文明发展的源泉，而土地的颜色又是黄色，因此黄色备受人们的崇拜。随着历史的不断发展，黄色逐渐成了帝王的专用颜色，他人不得擅用。例如，古代只有皇宫、皇陵以及奉旨兴建的寺庙、祭坛才准许使用黄色琉璃瓦盖顶。在汉语词语中这一点也有所体现，如“黄榜”“黄袍”“黄赦”等。另外，由于金子与成熟谷物的颜色非常相似，所以黄色就有了富足的象征意义。

此外，黄色还有神灵和医道的象征意义。相传中国的道家由黄帝和老子共同研究而成，因此有“黄老学派”和“黄老之学”之说，并且道家所穿衣冠均为黄色，用来驱鬼避邪、祭祀神灵的纸也均为黄纸。另外，我国中医界最古老的医书《黄帝内经》是黄帝和其他先贤共同著成的，因此医术又称为黄术。

在中国，黄色还是色情淫乱、腐化堕落的代名词。黄色的这一含义主要源于英语中“yellow back”一词。在美国19世纪中期，报纸界竞争激烈，为了在竞争中占据一席之地，办报人就在报纸上刊载了《黄色孩童》（*The Yellow Kid*）的连环漫画，并尝试用黄色对漫画中的某些地方进行处理，同时在该连环漫画上刊登一些低级趣味的内容。这一举动获得了巨大成效，但随之人们也逐渐将这类新闻称为黄色新闻。汉语中类似的词语有“黄色小说”“黄色电影”等。需要指出的是，虽然汉语中黄色的这一文化意义源自英国，但在英语中“yellow”并没有“色情”之义，实际上英语中表示“色情”含义色彩的词是上述介绍的“blue”。

在汉语中，黄色还表示稚嫩。这是因为婴儿的头发多为黄色，因此黄色也就常被人们用来指代幼儿，如“黄童白叟”。黄色还被用来指代未经世事、稚嫩无知的年轻人，如“黄口小儿”“黄毛丫头”。

在英语中，“yellow”一词的文化含义相对匮乏。通常，“yellow”多表示“卑劣”“怯懦”“猜忌”等，如“a yellow dog”（卑劣的人）、“a yellow livered”（胆小鬼）、“yellow looks”（阴沉多疑的神色）。

2. 黄色（yellow）的词语构成

①英语和汉语中均用“黄”（yellow）所构成的意义相同的词语。例如：

Yellow River 黄河

yellow wax 黄蜡

yellow race 黄色人种

yellow light 黄色信号灯

yellow card 足球中的黄牌

yellow rice wine 黄酒

yellow croaker 黄花鱼

②英语中用“yellow”而汉语中不用“黄”所构成的词语。例如：

yellow boy 金币

yellow bird 金鸟

yellow locust 刺槐

yellow wood 罗汉松

yellow alert 预备空袭警报

yellow dog 懦夫，杂种，野狗

a yellow streak 胆怯

③汉语用“黄”而英语不用“yellow”所构成的词语。例如：

黄牛 ox

黄金 gold

黄昏 dusk

黄油 butter

黄瓜 cucumber

黄豆 soy bean

黄袍 purple robe

黄昏恋 twilight love

黄土高原 loess plateau

黄花闺女 be still a virgin

黄粱美梦 pipe dream

黄道吉日 propitious date 或 lucky day

黄色电影 erotic movie

（七）紫色与“purple”

紫色在汉语中有吉祥的象征意义，常被封建帝王和道教所使用。例如，帝王的宫殿称为紫宫、紫禁城，道经称为紫书。因此，在中国紫为祥瑞之色，如汉语中就有“紫气东来”之说。

英语文化中，为了显示高贵和尊严，古罗马、古希腊的帝王高官都身着紫袍，因此“purple”有了王位、显贵和权力的文化含义，如“be born in the purple”（出身于王室贵族，或身居显位）、“Purple Heart”（授予在作战中受伤的紫心勋章以示嘉奖）。此外，在文学作品中，“purple”多表示辞藻华丽，如“purple prose”（华丽的散文）、“purple passage”（辞藻绚丽的篇章或段落）。而在日常生活中，“purple”则表示不好的脸色，如“be purple with fury/rage”（脸都气紫了）。

（八）青色与“cyan”

在汉语中，青色所蕴含的意义非常广泛，其含义一般可从我国古代诗句中看出。

杜甫绝句“两个黄鹂鸣翠柳，一行白鹭上青天”中的“青天”指的是蓝天。

李白《将进酒》中有“君不见高堂明镜悲白发，朝如青丝暮成雪”，其中的“青丝”指的是黑发。

毛泽东的诗句“绿水青山枉自多”“青山着意化为桥”中的“青山”指的是绿色。

由此可以看出，青色是一种特殊颜色，其含义很难界定。它是绿、蓝、黑三种颜色的兼指，英语中与之相对应的词是“green”“blue”和“black”。因此，在具体的搭配中就要依据上下文和语用习惯来选择合适的词。例如：

青山绿水 green hills and blue water

青衫 blue coat

青铜 bronze

青砖 black brick

青瓦 gray tile

青楼 brothel

青史 annals of history

青灰 graphite

青光眼 glaucoma

二、中西色彩词汇的等值翻译

翻译方法的掌握对等值翻译的进行非常重要，这里就在中西颜色文化差异分析的基础介绍几种常见的色彩词的翻译方法。

（一）直译法

有时候，英汉两种语言中的有些色彩的意义十分相近，此时就可以保留颜色词进行直译。例如：

white flag 白旗

black list 黑名单

red rose 红玫瑰

red carpet 红地毯

green tea 绿茶

yellow brass 黄铜

grey uniform 灰制服

white-collar workers 白领阶层

blue-collar workers 蓝领阶层

The leafless trees，that against the leaden sky now revealed more fully the wonderful beauty and intricacies of their branches.

那叶儿落尽的树木，映衬着铅灰色的天空，此刻显得更加枝丫交错、姿态万千。

The sun was dropping behind the farthest mountain，and the valleys were purple with something deeper than aster.

夕阳已渐渐沉没在远山的背后，壑谷间一片紫蔼，颜色比紫菀还浓。

The clear，sharp cloven Carrara mountains sent up their steadfast flame of marble summit into amber sky.

轮廓分明的卡拉拉山把永恒不变的火焰似的大理石山顶插入琥珀色的天空。

（二）替换法

如果英语和汉语中相对应的颜色词的词义或文化内涵相差较大，就可以考虑采用替换法，也就是根据译入语的表达习惯采用合适的颜色词对源语中的颜色词进行替换。例如：

brown bread 黑面包

black and blue 青一块，紫一块

red sky 彩霞

blue talk 黄色段子

红茶 black tea

红糖 brown sugar

红葡萄酒 purple wine

（三）意译

有时候保留颜色词直译或替换颜色词都不能对源语进行准确翻译，此时就可以运用意译法进行翻译，也就是就原文进行适当地调整，或增补或删除，以使译文符合译入语的表达习惯。例如：

wedding and funeral 红白喜事

make a good start 开门红

繁文缛节 red tape

负债 be in the red

加奶咖啡 white coffee

a black look 怒目

黑心肠 evil mind

红榜 honor roll

红运 good luck

I dislike John，for he is a yellow dog.

我讨厌约翰，他是个卑鄙小人。

He is a white-haired boy of the general manager.

他是总经理的大红人。

He has white hands.

他是无辜的。

She is green with jealousy.

她醋意大发。

第五章　中西动物、植物词汇的文化差异与等值翻译

语言是文化的载体，不同民族的语言由于受到本民族文化的影响和制约，反映着各自特定的语言习惯。我国与西方国家相隔万里，地理位置、自然现象、历史背景、审美心理等千差万别，文化自然存在很大的差异。这些差异赋予了英汉语言极大的不同。英汉语言中动物、植物词汇的文化差异就是英汉民族文化差异在语言上的典型体现。假如不了解英汉语言的动物、植物词汇文化差异，就很难正确理解、翻译英汉语中动物、植物词汇。因此，了解并掌握中西文化差异下的动物、植物词汇的文化内涵差异，有助于译者准确翻译动物、植物词汇。本章就对中西方动物、植物文化差异及其等值翻译进行分析。

第一节　中西动物词汇的文化差异与等值翻译

英汉民族所在的地域不同，生产生活方式不同，相同的动物对人们所起的作用也不同，因此，相同的动物在不同的语言环境中所具备的文化内涵也不尽相同。在翻译动物词汇时一定要符合英汉双方的语言历史文化，不能只看单词的表面而忽视了其内在的文化含义。下面，首先对英汉两种语言中部分常见的动物词语的文化差异进行分析，然后对英汉动物文化的等值翻译进行探讨。

一、中西动物词汇的文化差异

在人类社会漫长的进化过程中，动物与人类的生存、发展有着密不可分的联系，它们曾是人类社会赖以生存的一个重要食物来源，也是人类最亲密的朋友。有关动物的词汇也因此成为人类各民族语言中的基本词汇。由于不同民族的文化不同，动物词汇的文化内涵也因此有所不同。

（一）相同动物词汇表示相同文化内涵

尽管东西方文化存在着巨大的差别，但是两者之间仍然存在一些相同之处。

1. “fox”和狐狸

在英语中，“fox”常常具有狡猾、诡计多端的含义。例如：

play the fox 行为狡猾

as sly as a fox 像狐狸一样狡猾

An old fox is not easily snared.

老狐狸不会轻易被捉住。

汉语中的狐狸同样具有奸诈狡猾、生性多疑的含义。例如，“狐假虎威”“满腹狐疑”“狐疑不决”。

2. “ass”和驴

在英语中，“an ass”表示“a foolish person”，即“傻瓜”。而在汉语中，也有“笨驴”的说法，用来指人时则表示“笨、愚”的意思。可见，“ass”和驴的文化内涵是基本一致的。

3. “pig”与猪

在中国文化里，猪是“懒”“馋”“笨”的象征。例如，汉语中经常有“懒得像猪”“肥得像猪”“笨得像猪”之类的表达。另外，由于猪的特定形象以及它贪吃贪睡的习性，汉语中也有很多与之相关的贬义词，如“猪狗不如”“猪朋狗友”“辽东之猪”“泥猪瓦狗”等。然而，猪在中国文化中也有憨厚、可爱的形象。例如，中国民间有“金猪”一说，很多存钱罐以猪的形象制作，电视剧《春光灿烂猪八戒》也塑造了一个憨厚、可爱的猪八戒形象。

由此可见，猪在中国文化中所具有的形象和喻义十分丰富，这反映了中国人对猪的复杂情感。

西方文化中，“pig”的文化内涵与中国的“猪”基本相同，即肮脏、贪婪、不顾他人、行为恶劣。因此，与猪有关的词语也经常带有贬义色彩。例如：

You mean you’ve eaten all three pieces of cake? You greedy pig!

你是说你把三块蛋糕全吃完了？你真是头贪吃的猪！

This place is a pigsty.

这地方又脏又乱，跟猪圈一样。

与中国文化不同的是，“pig”还可以作为一个中性词出现。例如：

teach a pig to play on a flute 教猪吹笛；做不可能实现的事

pig it 住在肮脏的环境里

bring one’s pigs to the wrong market 卖得吃亏

buy a pig in a poke 未见实物就买了

make a pig of oneself 吃得太多

pigs might fly 异想天开，无稽之谈

make a pig’s ear out of something 弄得一团糟

pig in the middle 两头为难，左右不是

但总的来说，“pig”在英语中的形象和喻义没有汉语中的“猪”那么丰富。

4. “peacock”和孔雀

在英语中，“peacock”有“骄傲、炫耀、洋洋得意”的意思，例如，“as proud as a peacock”像孔雀那样骄傲。在汉语中，孔雀也具有相似的含义，表示骄傲、虚荣。不过，

与英语不同的是，汉语中的孔雀还象征着吉祥好运。

此外，还有一些英汉动物词汇的文化内涵是相同的。例如：

as free as a bird 像鸟儿一样自由

as slow as a nail 像蜗牛一样慢

as black as a crow 像乌鸦一样黑

as busy as a bee 像蜜蜂一样忙

（二）不同动物词汇表示相同文化内涵

1. “tiger”“lion”与老虎、狮子

在西方文化中，百兽之王不是虎（tiger）而是狮子（lion）。在英语中，“lion”是勇敢、凶猛、威严的象征。英国国王理查一世（King Richard）由于勇敢过人而被人称为“狮心王”（the Lion-Heart），而英国人以“lion”为自己国家的象征。

在中国文化里，虎是“山兽之君”“百兽之王”，是英勇大胆、健壮有力、坚决果断、威猛勇武的象征。可见，中国文化里的“虎”与西方文化里的“lion”的文化内涵是相对应的。我国民间文化中常借虎以助威和驱邪，保佑安宁。传说中老虎还是神仙和道人的坐骑，道教首领张天师就是乘坐猛虎出行的。因此，虎的勇猛形象自然就成了英勇作战的将士们的象征，故汉语言里有“虎将”“虎士”“将门虎子”之称，有“虎虎有生气”“九牛二虎之力”“猛虎下山”“如虎添翼”“虎踞龙盘”“虎背熊腰”等成语。不过，人们在尊虎为“百兽之王”外，对虎的凶残的厌恶毫不掩饰，如“虎穴”“虎口拔牙”“拦路虎”“虎视眈眈”等词。

由此可见，英语中“lion”的文化内涵与汉语中老虎的文化内涵是相似的。因此，我们在翻译一些相关的词语时就要注意这一点，即在对有关“lion”或老虎的词语进行翻译时要做相关调整。例如，虎将（brave general）、虎胆英雄（hero as brave as a lion）、虎虎有生气（vigorous and energetic; be full of vigor）、虎背熊腰（of strong build）、虎威（powers of general）；as brave as a lion（勇猛如狮）、fight like a lion（勇敢地战斗）、great lion（名人，名流）、lion-hearted（非常勇敢的）、make a lion of（捧红某人）。

2. “horse”与牛

中国古代是农耕社会，牛是农业生产劳动中最重要的畜力，这种密切的联系使人们常常把牛当作喻体来形容人的品质。因此，在中国文化中牛是勤劳、坚韧、任劳任怨的象征，汉语中有“牛劲”“牛脾气”“牛角尖”“牛头不对马嘴”等词语。

在西方文化中，牛主要是用来做祭祀的一种动物。在西方的许多宗教活动中，祭牛是一种主要的仪式，献祭的牛被看作是人间派往天国的使者；同时，在西方文化中，牛也是能忍受劳苦、任劳任怨的化身。例如，“as patient as an ox”像牛一样具有耐力。此外，“a bull in china”闯进瓷器店里的公牛，该习语用来形容举止粗鲁、行为莽撞、动辄惹祸、招惹麻烦的人。但是，由于英国气候湿润凉爽，不利农耕但适宜畜牧，所以牛的主要用途就是奶和肉。

正因如此，在西方国家牛没有得到其在中国一样的重视。相反，牛在中国所得到的厚爱在英国却大都落到了马的身上。这是因为在英国历史上人们打仗、运输和体育运动都离不开马，马也以其力量和速度受到人们的喜爱。因此，在表达同一意思时，汉语的“牛”往往和英语的“horse”相对应。例如：

汉语的“吹牛”与英语的“talk horse”相对。

汉语的“牛饮”在英语中就是“drink like a horse”。

“力大如牛”英译为“as strong as a horse”。

“饭量大如牛”对应英语的“eat like a horse”。

由此可见，两种动物在语言表达上可算是“殊途同归”了。

（三）相同动物词汇表示不同文化内涵

由于受到不同的地理环境、历史、宗教等因素的影响，相同的动物可能在不同的民族中具有不同的文化内涵。

1.“cock”与鸡

中国文化中，雄鸡破晓而啼预示了一天的开始，象征着勤奋、努力和光明的前途。例如，《孟子•近心上》有云，“鸡鸣而起，孳孳为善者，舜之徒也”，意思是说“鸡一叫就起身，孜孜不倦地行善的，是舜这类人”，这是孟子对行善者勤勉、德行的赞美。而毛泽东的《浣溪沙•和柳亚子先生》中则有“一唱雄鸡天下白，万方乐奏有于阗，诗人兴会更无前”的诗句，表现了新中国朗朗乾坤之气象。

另外，由于“鸡”与“吉”同音，因此鸡在中国也常有吉祥之意。例如，我国电影界有一个著名的奖项就是“金鸡奖”；市场上也有一些与鸡有关的品牌，如“金鸡牌”鞋油、“金鸡牌”闹钟、“大公鸡”香烟等；而部分民间地区更有在隆重仪式上宰杀大红公鸡和喝鸡血酒的习俗。然而随着时代的变化，“鸡”字在今天又被赋予了一个极不光彩的含义，即提供性服务的女性，这也是由于“鸡”和“妓”谐音所造成的。

在英语中，“cock”有着丰富的文化内涵，主要体现在以下三个方面。

（1）具有宗教内涵

希腊神话中，由于“cock”引起人们对东升旭日的注意，故而它专门奉献给太阳神阿波罗（Apollo）；在罗马神话中，墨丘利（Mercury）是为众神传信并管商业、道路的神，“cock”在清晨的啼叫中使千行百业开始工作，故而是奉献给墨丘利的；在基督教传统中，“cock”通常被置于教堂的尖顶，它在清晨一声鸡叫，魔鬼便惶然隐退，故被视为圣物。

（2）具有好斗、自负的内涵

这与公鸡的习性有很大关系。英语中常用“cock”来描绘人好斗、自负的行为。例如：

He is too bloody cocksure about everything.

他对于每一件事都过于自信。

I’ve never heard such cock in my life.

我一生从未听说过这样的胡说八道。

The jury did not believe the witness’cock and bull story.

陪审团不相信证人的无稽之谈。

He’s been cock of the office since our boss went back to America.

自从我们老板回了美国以后，他就一直在办公室里称王称霸。

（3）具有迎宾的内涵

在英国的一些小酒馆里，人们经常可以看到“cock and pie”的字样。这里的“cock”就有翘首以待来客的含义。

2. “dog”与狗

西方人与中国人都有养狗的习惯，但是两者对狗的看法和态度截然不同。

在西方，“dog”是一种爱畜、宠物，可以享受比较高的待遇。尤其对英国人而言，狗既可以帮助人们打猎、看门，也可以作为宠物或伴侣看待。在西方国家，人们常把狗看作是他们的保护者和忠实的朋友，甚至把狗看成是他们家庭中的一员，因而常常把狗称作“she”（她）或“he”（他）。可见，“狗”在西方文化中的形象比较积极、正面。正因如此，在英语中以“狗”作为喻体的词语多数含有褒义。西方人用“dog”指人时，其意思相当于“fellow”，不仅没有贬义相反还略带褒义，使语气诙谐风趣。例如：

a lucky dog 幸运儿

a jolly dog 快活的人

a lazy dog 懒汉

top dog 重要人物

Every dog has his day.

凡人皆有得意时。

He works like a dog.

他工作努力。

Love me，love my dog.

爱屋及乌。

英语中的“dog”一词除了含有褒义之外，还有表示中性的含义，如“dog eat dog”（残酷竞争）。当然，在英语中，也有少数与“狗”有关的习语也表示贬义。例如：

a dog in the manger 占着茅坑不拉屎的人

a dead dog 毫无价值的东西

a dirty dog 坏蛋

但总体而言，“dog”在西方文化中褒义的成分居多。

中国人自古就有养狗的习惯，但是中国人从民族感情、文化传统、思维方式上对狗并不像西方人那样亲近。狗在汉语文化中是一种卑微的动物。汉语中凡是同“狗”连在一起的成语、词组大都表示贬义。例如，“狗仗人势”“偷鸡摸狗”“猪狗不如”“狼心狗肺”“狐朋狗友”“狗急跳墙”“狗嘴里吐不出象牙”“狗咬吕洞宾”等，都是含有贬义、辱骂性质的词语。

由此可见，英汉语言中“狗”的文化内涵有很大区别。因此，在翻译时我们需要注意两种语言之间的区别，否则就会造成误解。例如：

An old dog likes him never barks in vain. When he barks，he always has some wise course.

在翻译此句时，如果不了解英汉语中“狗”的文化差异，将“an old dog”译为“老狗”，就会贻笑大方，造成误会。因为“老狗”在中国是骂人的话，而“an old dog”在英语中实际上是指“年事已高却经验丰富的人”，可以译为“行家老手”，因此上例应该译为：

像他这样的行家老手，从来不会随意发表意见，一旦发表，总有高见。

3. “cat”与猫

在西方文化中，“cat”（猫）有着各种各样的形象，但多以负面的形象出现。魔鬼撒旦常化身为黑猫游荡；在神话故事中，驾驭风暴的女神常化身为猫；女巫身边也有黑猫陪伴。总之，英语中与猫相关的表达似乎都不太好。例如：

old cat 脾气坏的老太婆

barber's cat 面有病容饥色的人

copy cat 抄袭别人的人，看样学样的人

She is a cat.

她是一个包藏祸心的女人。

此外，西方人认为猫是一种具有很强生命力的动物。例如：

A cat has nine lives.

猫有九条命。

The hope could not be killed，as it had more lives than a cat.

这种希望是消灭不了的，它比猫更具有生命力。

而在汉语中，猫的比喻形象通常是温顺可爱的。我们即使在使用“馋猫儿”比喻“馋嘴的人”时，通常也含有亲昵之情。当然，汉语中也有少数对“猫”不大好的说法，像“猫改不了吃腥”“猫哭耗子假慈悲”等。但总体而言，汉语中对猫并没有太多的联想，而且猫的形象在汉语文化中主要是积极正面的。

4. “dragon”与龙

龙（dragon）是中西方文化神话传说中的动物。但是实际上，西方人眼中的“dragon”和中国人眼中的“龙”所具有的文化内涵是大不相同的。

在西方文化中，“dragon”一词基本上含贬义。在西方故事或神话中，“dragon”是一种形似巨大蜥蜴，长着翅膀、长着脚爪、身上有鳞、口能喷火的凶残动物，是替魔鬼看守财宝的凶悍怪物。因此，在西方，人们认为“dragon”是邪恶的代表，是恶魔的化身，是一种狰狞、凶残的怪兽，应该予以消灭。在一些描写圣徒和英雄的传说中讲到和龙这种怪物作斗争的事迹，多以怪物被杀为结局。在《圣经》中，与上帝作对的恶魔撒旦被称为“the great dragon”，一些杀死“dragon”的圣徒则被视为英雄；在希腊文化中，珀尔修斯（Perseus）在杀死蛇女怪米杜沙的归途中，从海怪毒龙手里救出了埃塞俄比亚公主安德洛墨达，这条“龙”就被描述成“可怕的吃人恶龙”（terrible dragon which eats men）。英语古诗《贝奥武夫》（*Beowulf*）就是歌颂与凶残暴虐的恶龙搏斗而取得胜利的英雄史诗。在现

代英语中，“dragon”用来指“凶暴的人”或“严厉的人”。

与西方文化不同，中国文化中的“龙”是神话中的动物，能腾云驾雾给人带来吉祥，是权力、力量、吉祥、繁荣的象征。在封建社会里，龙是帝王的象征，因此与皇帝有关的事物都加一个“龙”字，如“龙体、龙床、龙袍、龙康、龙颜、龙座、龙子龙孙”等。汉语中有许多含有“龙”的成语都是褒义的。例如，“龙飞凤舞”“龙腾虎跃”等，这些成语无不体现着龙在汉语文化中的内涵。时至今日，龙的形象已经成为中华民族的象征，至今海内外的炎黄子孙仍自称“龙的传人”，以作为“龙的传人”而自豪。

由此可见，龙与“dragon”虽然都是神话中的动物，但它们的文化内涵却相去甚远。随着近几年来中西文化交流的不断加强，西方人士对中国的传统文化了解日渐增多，知道中国的“龙”远非“dragon”可比。因此，一些人在翻译“龙”时用“Chinese dragon”以示与西方“dragon”的区别。在翻译该动物时可以采用意译法，如“望子成龙”可以翻译为“hope one's children will have a bright future”，或者“hold high hopes for one's child”。因为中国的所有父母都希望孩子长大后能有所成就，故“望子成龙”如此翻译比较贴切。

5.“owl”与猫头鹰

在英语中，“owl”是一种机智、聪明的鸟，具有“聪明”“严肃”的文化内涵，是智慧的象征。例如，“owlish”与“owlishly”都可以用来形容严肃、机智、聪明，而“as wise as an owl”表示“像猫头鹰一样聪明”。

但是在中国人眼里猫头鹰是不祥之物，其原因是猫头鹰夜间叫声凄惨。人们认为，看到猫头鹰或者听到猫头鹰叫意味着厄运、不吉利的事情即将来临，例如，“猫头鹰进宅，好事不来”。

6.“mouse”“rat”与鼠

在中国文化中，老鼠是贪婪可耻、坐享其成的象征。因此，人们经常会把一些贪官比作老鼠——“硕鼠硕鼠，勿食我黍”。由于老鼠在中国文化中极不受欢迎，因此在汉语中与“鼠”相关的词语无不含有贬义。例如，“贼眉鼠眼”“抱头鼠窜”“鼠目寸光”“鼠雀之辈”“胆小如鼠”等，这些说法表现出了中国人讨厌老鼠的心情。而且在日常生活中，人们常常把憎恨的事或人比喻为“过街老鼠，人人喊打”。

但是，在西方的影视作品里我们却能够看到可爱、充满正义感和智慧的老鼠，像《米老鼠和唐老鸭》中的Mickey Mouse，《猫和老鼠》里的Jerry，《精灵鼠小弟》里的Stuard,这些差异都是由于不同的地域文化赋予人们对同一事物的不同看法而造成的。当然，英语里也不全是对老鼠的赞美之辞。例如：

as wet as a drowned rat 湿得像落汤鸡

as poor as a church mouse 一贫如洗

a rat in a hole 瓮中之鳖

You dirty rat!

你这个卑鄙小人！

另外，在某些词语中“rat”与鼠的文化内涵是相同的，如“as coward as a rat”（胆小如鼠）。

7. “bat”与蝙蝠

“bat”喜欢居住在阴暗潮湿的地方，甚至还有吸人血的“bat”，故英国人认为“bat”是邪恶的动物，总是与邪恶、黑暗势力联系在一起。英语中的“vampire bat”（吸血蝠）更是令人不寒而栗。因此，英语中凡带有“bat”的词语大多含有贬义，如“as blind as a bat”（有眼无珠）。另外，“bat”在英语中还具有“失常”“怪诞”的含义。例如：

crazy as a bat 精神失常

have bats in the belfry 异想天开

在中国文化中，蝙蝠是幸福、吉祥和健康的象征。这些联想很可能来自蝙蝠的名称——“蝠”与“福”同音。一些旧式家居上刻着蝙蝠，有些图画或图案把蝙蝠和鹿画在一起，颇受欢迎。这是因为“蝠鹿”读音同“福禄”一样，象征吉祥、幸福、有钱、有势。

8. “phoenix”与凤凰

在中国神话中，凤凰是主掌风雨的神鸟，也是鸟中之王。史记中就有“凤凰不与燕雀为群”之语。据此可知凤凰是指一种动物，但依古书记载，凤是雄性，凰是雌性。汉语中有“百鸟朝凤”“有凤来仪”“凤毛麟角”之类的成语。司马相如在《琴歌》中唱道：“凤兮凤兮归故乡，遨游四海兮求其凰”，表达了他对卓文君的爱情。而随着岁月的变迁，凤凰就被简化为了凤，雌性，象征富贵和吉祥，并逐渐成了皇后的代名词。到了今天，凤已经成了普通女性的专用词，很多中国女性的名字里就有“凤”字。

凤和龙在中国文化中是不可分割的，它们共同构成了我国独特的龙凤文化。普通百姓生了男女双胞胎就称为“龙凤胎”，还有很多成语中也包含了“龙”“凤”二字，如“龙凤呈祥”“龙驹凤雏”“龙章凤彩”“龙跃凤鸣”“龙飞凤舞”等。

在西方文化中，“phoenix”总是与复活、重生有关。相传，“phoenix”是一种供奉于太阳神的神鸟。希腊历史学家希罗多德（Herodotus）在公元前5世纪将其描述为一种有着红色和金色羽毛的、鹰一样的神鸟。“phoenix”的生命周期是500年。在生命周期结束时，它会建造一个焚烧场所，并在其中烧成灰燃，然后灰炮中又会出现一个新的“phoenix”。因此，“phoenix”在基督文学作品乃至其他文学作品中都象征着“死亡”“复活”和“永生”。例如：

Much of the town was destroyed by bombs in the war but it was rebuilt and in the following decade rose from the ashes like the phoenix.

该城的大部分在战争中被炸弹摧毁但是又得以重建并且在以后十年中像火中的凤凰一样从灰烬中再生。

9. “goat”“lamb”“sheep”与羊

与汉语“羊”相对应的英语单词有三个，即“sheep”“goat”和“lamb”，但三者在英语中的形象是截然不同的。

“sheep”是驯顺善良的象征，意指“胆小、温顺、虚弱或受压抑的人”。

“goat”往往具有贬义，不仅表示“淫乱”“色魔”“好色”“替罪羊”等，还往往被认为是罪恶、魔鬼的帮凶，甚至被视为是恶魔的化身。例如，“to get sb’s goat”（触动肝火）。

“lamb”在英语中的地位较高，因为它是基督教救世主的象征。耶稣就被称作“上帝的羔羊”（Lamb of God），可以带走世人在尘世间的罪恶。

由此可见，西方文化中的“sheep”“lamb”通常是柔弱、温顺、迷途者的象征。这与西方的基督教文化有很大的关系。《圣经》中有“a lost sheep”（迷途的羔羊）之说。因此，羊通常被视为无独立性、多受他人控制的角色。类似这样的意象还体现在其他词语中。例如：

like a lamb 顺从的

as innocent as a lamb 天真无邪如小羊

as meek as a lamb 性情温顺如小羊

a sheep among wolves 落在坏人手里的好人

like a sheep 无独立 / 独创性

sheep and goats 好人和坏人

follow like a sheep 盲从

sheep without a shepherd 群龙无首

like a sheep to the slaughter 似乎未意识到将入险境

通过上述例子可以看出，英语中“sheep”和“lamb”的构词能力很强，这与《圣经》起源于阿拉伯中东地区有关。因为阿拉伯人主要的生存方式之一便是游牧，于是羊就成了阿拉伯人民生活的主要内容，所以圣经中多处都提到了羊。

在中国文化中，羊有着“温柔善良”“多才多艺”“衣食无忧”等含义，但有时也带有“软弱可欺”的贬义色彩。

中国古代以农耕为主，羊在人们的生产、生活中处于辅助地位，且多具有柔弱、温顺的形象。例如，汉语中有“羊入虎口”“饿虎扑羊”“十羊九牧”“悬羊打鼓”等成语。再如，我国西部民歌《在那遥远的地方》中亦有“我愿做一只小羊，跟在你身旁……”的歌词。

另外，羊在中国文化中也有吉祥的含义。《说文解字》曰“羊，祥也”。因此，很多意思美好的汉字中都带有“羊”字，如“祥”“详”“美”“洋”“养”“馐”等。而古代器物铭文也多将“吉祥”写作“吉羊”。另外，我国广州又称“羊城”。相传古时南海有五仙人骑着不同颜色的羊来到广州，将谷穗赠予人们，随后腾空而去，留下五羊化而为石，寓意五谷丰登的祝福。

10. “hare”“rabbit”与兔子

兔子在中国文化中的形象较为复杂。它既有温顺、可爱、敏捷的一面，如“玉兔”“兔辉”“动如脱兔”等；又有狡猾、缺乏耐性的一面，如“狡兔三窟”“狡兔死，走狗烹”“兔子不吃窝边草”“兔子尾巴长不了”等。另外，汉语中还有一些骂人的词语也带有“兔”字，如“兔崽子”“兔孙子”等。

西方文化中，“hare”和“rabbit”带有贬义，常指那些不可靠的、要弄花招的人。例如，英语俚语中“hare”指坐车不买票的人，口语中的“rabbit”则多指拙劣的运动员（尤指网球运动员）。兔在西方文化中的这种负面形象在其他词语中也有所体现。例如：

odd rabbit 真该死

hare-brained 轻率的、愚蠢的、鲁莽的

make hare of somebody 愚弄某人

breed like rabbits 生过多的孩子

mad as a march hare 十分疯狂的、野性大发的

rabbit on about sb./sth. 信口开河；絮絮不休地抱怨

二、中西动物词汇的等值翻译

（一）保留形象直译

在翻译动物词汇时，如果英汉动物词汇的表达形式和文化内涵都是相同的，也就是说，当英语和汉语用动物词汇表示事物性质或者人物品质并且在意义形象、风格上是相同的或者具有相似之处时，我们就可以“对号入座”，保留原文的动物形象进行直译。例如：

as faithful as a dog 像狗一样忠诚

barking dogs do not bite 吠犬不咬人

as sly as a fox 像狐狸一样狡猾

to drain to catch all the fish 竭泽而渔

feel just like fish in water 如鱼得水

the great fish eat small fish 大鱼吃小鱼

to play the lute to a cow 对牛弹琴

to stir up the grass and alert the snake 打草惊蛇

to be like a frog at the bottom of a well 井底之蛙

Don't make yourself a mouse，or the cat will eat you.

不要把自己当老鼠，否则肯定被猫吃。

（二）舍弃形象意译

当无法保留动物形象进行直译，并且无法改变动物形象进行套译时，我们可以舍弃原文中的动物形象进行意译。例如：

big fish 大亨

top dog 最重要的人物

be like a bear with a sore head 脾气暴躁

Dog does not eat dog.

同类不相残。

It rains cats and dogs.

下着倾盆大雨。

Last night，I heard him driving his pigs to market.

昨夜，我听见他鼾声如雷。

My mother will have a cow when I tell her.

我妈妈听说后一定会发怒的。

（三）改换形象套译

在翻译动物词语时，将其在源语中的象征意义传达到目标语中或者用目标语中具有的相同象征意义的词来替代即可。例如：

a lion in the way 拦路虎

as happy as a cow 快乐得像只鸟

teach a pig to play on a flute 赶鸭子上架

Don’t believe him. He often talks horse.

不要信他，他常吹牛。

Better be the head of a dog than the tail of a lion.

宁做鸡头，不做凤尾。

It had been raining all day and I came home like a drowned rat.

终日下雨，我到家时浑身湿得像一只落汤鸡。

第二节　中西植物词汇的文化差异与等值翻译

语言作为文化的载体，受到了文化的深刻影响。在人类社会长期的发展过程中，语言中的植物词汇也被打上了文化烙印。因此，具有不同文化的民族，其语言中植物词汇也具有不同的文化内涵。下面就来对比英汉语言中的植物词汇的文化内涵，并对其等值翻译进行探索。

一、中西植物词汇的文化差异

（一）文化内涵相同或相似的植物词汇

由于英汉民族在自然生活环境、认知结构上存在着一定的相似性，因而英汉两个民族从植物的基本属性认识植物就会产生相似或者相同的联想意义，从而赋予植物词汇相似或相同的文化内涵。下面就来介绍英汉语言中一些文化内涵相似或者相同的植物词汇。

1. “lily”与百合

百合在中国是一种吉祥之花、祝福之花。因其具有洁白无瑕的颜色和“百年好合”的联想意义，因而得到了中国人的普遍喜爱，例如，福建省南平市和浙江省湖州市就都以百合为市花。而我国古代文人也有咏颂百合的诗词。例如：

百合花

宋·韩维

真葩固自异，美艳照华馆。
叶间鹅翅黄，蕊极银丝满。
并萼虽可佳，幽根独无伴。
才思羡游蜂，低飞时款款。

另外，百合不仅外观美丽，医学价值也很大。中医认为，百合具有养心安神、润肺止咳的功效。因此，百合也常被用作食材，出现在人们的日常饮食之中。

西方文化中，“lily”通常象征贞节、纯真和纯洁。例如，在“圣母领报节”（the Annunciation，Lady Day）的宗教图画中经常有这样一个场景：天使加百利（Gabriel）手持百合花枝，奉告圣母玛利亚（the virgin Mary）耶稣即将诞生。而正跪着祈祷的玛利亚面前就放着一个插着百合花的花瓶。因此，“lily”经常和“white”搭配，表达“纯白”“天真”“完美”之意。例如：

He marveled at her lily-white hands.

他惊讶于她洁白的双手。

It's ironic that he should criticize such conduct — he's not exactly lily-white himself.

讽刺的是，他自己也不是毫无过错，竟然还批评别人的行为。

All in one with ordinary，especial，tradition，open，vogue，simplicity，gumption，eremitic etc.，deeply understood world but who is keeping a lily-white heart.

平凡、特别、传统、开放、时尚、朴素、进取、退舍等集于一身，深知世故却保持一颗纯真的心。

另外，“lily”有时还有“胆小、怯懦”“娘娘腔的男人”等含义。例如：

But its lily-livered approach might，in fact，be the right one.

但实际上这种胆小的做法也许是正确的。

2. “laurel”与桂树

桂树（laurel）象征吉祥、美好、荣誉、骄傲。在英汉两种语言中，人们都把桂树和“出类拔萃、荣誉”联系在一起。英美人喜欢用桂枝编成花环（laurel wreath）戴在勇士和诗人的头上，桂枝后来渐渐成了荣誉和成功的象征。在英美国家，人们就把那些取得杰出成就、声名卓著的诗人称为“桂冠诗人”（poet laureate）。英语中的“gain/win one's laurels”表示“赢得荣誉”，“look one's laurels”则表示“小心翼翼地保持荣誉”，英语中的另一短语“rest on one's laurels”则指满足于既得之功、不思进取，躺在过去的成绩上睡大觉。

中国封建社会的举人若考中了状元，则被称为“蟾宫折桂，独占鳌头”。现代汉语依然沿用了“折桂”这一说法，喻指在考试、比赛中夺得了第一名，相当于英语中的“gain one's laurels”。

3. “oak”与橡树

橡树（oak）具有高大挺拔、质地坚硬的特点。在英语文化中，“oak”象征勇敢者、坚强者。例如：

a heart of oak 坚韧不拔者

Oak may bend but will not break.

像橡树一样坚忍顽强。

在汉语中，橡树常常用以形容坚强不屈的男性，如当代女诗人舒婷在其《致橡树》一诗中就把自己的爱人比喻为一株橡树。

4. “rose”与玫瑰

玫瑰（rose）在英汉语言中都象征着爱情、美丽。

英语中借玫瑰歌颂爱情的诗歌很多。例如，苏格兰农民诗人彭斯（Burns）脍炙人口的诗句：“My love's a red red rose.”（我的爱人是一朵红红的玫瑰。）而玫瑰与百合放在一起“lilies and roses”，更是用来形容女性的“花容月貌”。

在汉语中，也有不少关于玫瑰的诗句，例如，“朵朵精神叶叶柔，雨晴香拂醉人头”。曹雪芹在《红楼梦》中也用玫瑰来刻画三姑娘探春的美丽形象和性格。

此外，英语中的“rose”有保持安静的意思，如在会桌上悬挂一枝玫瑰就意味着要保持安静；而汉语当中常把漂亮而不易接近的女性比喻为“带刺的玫瑰”，这是二者寓意的不同之处。

5. “peach”与桃花

桃花（peach）外形优雅，色彩略带粉色，受到人们的喜爱，常常用以比喻“美人，美好的东西或人”。英汉两个民族都用桃花来形容皮肤细洁、白里透红的妙龄少女。

在英语中，“peach”（桃）可以表示美好的事物。例如，“a peach of a room”（漂亮的房间）；而“She is really peach.”则常用来形容漂亮有吸引力的女子。桃花色还常常被用来形容女性白里透红的肤色，特别是双颊的颜色。

在汉语中也有“人面桃花相映红”“山桃红花满上头，蜀江春水拍岸流。花红易衰似郎意，水流无限似侬愁。”等诗句。

（二）文化内涵不同的植物词汇

由于不同民族的文化背景不同，因而同一植物在不同的民族中会产生不同的联想意义。下面，我们介绍一些在英汉语言中文化内涵不同的植物词汇。

1. “peony”与牡丹

在西方国家，“peony”一词源于神医皮恩（Paeon，the god of healing），确切来说，“peony”是以皮恩的名字命名的。这源于皮恩曾经用牡丹的根治好了天神宙斯（Zeus）之子海克力斯（Hercules）。因此，在西方文化中牡丹被看作具有魔力的花；而在欧洲牡丹花与不带刺的玫瑰一样，都象征着基督教中的圣母玛利亚。

在中国，牡丹象征着富贵、华丽、高雅。这些象征意义从我国的传统工艺美术作品中可以窥见一斑。在我国的传统工艺美术作品中，牡丹与海棠一起具有“门庭光耀”的含义，牡丹与芙蓉一起具有“荣华富贵”的含义，牡丹与长春花一起则具有“富贵长春”的意义，而牡丹与水仙在一起则具有“神仙富贵”的含义。

2.“willow”与柳

英语中的“willow”大多指失恋或死亡。例如，“weeping willow”既可以表示垂枝的柳，又可以表示“垂泪的柳”，这源于以前英国人带柳叶花圈以示哀悼的习俗；“wear the willow”是指“服丧；戴孝”或者“悼念爱人的死；痛失所爱的人”或“被情人遗弃，失恋闺中”。此外，人们还使用“sing willow”或“wear the willow garland”或“wear the green willow”来表本“服丧”“悲叹爱人之死”。另外，在西方“willow”还被用来祛病驱邪。在复活节前的星期日，西方人常用柳树来祈福，并挂在家中驱赶所有的邪恶。

在汉语中，柳树是“离别”的象征，常被用来表达忧伤离别之情，故有“迎客松，送客柳”之说。一方面是因为“柳”与“留”谐音，含有“挽留”的意思；另一方面则是因为柳条纤细柔韧，象征情意绵绵，永不相忘。汉语诗歌中凡是折柳赠别的诗词，都包含着离情别绪，令人忧伤。例如：

昔我往矣，杨柳依依，今我来思，细雨霏霏。

（《诗经》）

春色三分，二分尘土，一分流水，细看来，不是杨花，点点是离人泪。

（苏轼《水龙吟》）

清江一曲柳千条，二十年前旧板桥。曾与美人桥上别，恨无消息到今朝。

（刘禹锡《柳枝词》）

这些诗句以柳为基调，充满了依依惜别之情。所以在汉语中，“折柳、折枝、攀枝、柳色、杨花”等可表示“离情别恨”。此外，中国人千百年来受中国诗词的熏陶，对“垂柳”“杨柳”有一种诗情画意的联想。

由于杨柳风姿绰约，撩人心怀，因而在中国文化中“柳姿”喻“姿色”，用来形容女子姿色。例如，“柳眉倒竖，杏眼圆睁”，白居易《长恨歌》中“芙蓉如面柳如眉，对此如何不泪垂”，等。另外，“柳”在汉语中还用来指风尘女子。这是因为每年四五月间，柳絮从雌性柳树上纷纷扬扬地飘到水面上、粘到人身上，而不像别的花那样长驻枝头，因此古人用“柳”比喻女子多变的心，用“花柳之巷”指代妓院等色情场所，而用“寻花问柳”表示男子寻访风尘女子，嫖娼作乐。例如：

这贾蔷外相既美，内性又聪明，虽然应名来上学，亦不过虚掩眼目而已。仍是斗鸡走狗，赏花阅柳。

（曹雪芹《红楼梦》）

Jia Qiang was as intelligent as he was handsome，but he attended the school only as a blind for his visits to cock-fights，dog-races and brothels.

另外，在汉语中，“柳暗花明”比喻“困难遇到转机”等。

由上述可知，柳树（willow）在英汉两种语言中虽然都有“忧伤”的联想意义，但是在英语中所指的“忧伤”是由死亡所造成的，而在汉语中的忧伤则是由离愁引起的。因此，柳树的文化内涵实际上是不相同的。

3. “plum”与梅

在英语中，与梅相对应的词语“plum”既指梅树或李树，又指梅花或者李子。在基督教文化中，梅树表示忠诚；在英国俚语、美国俚语中，“plum”表示奖品、奖赏。现在，plum 则成为美国国会常用的委婉语。例如：

A congressman or senator may give a loyal aide or campaigner a Plum.

国会议员会给重视的助手和竞选者一个有好处、有声望的政治职位，作为对其所做贡献的回报。

而梅花作为我国的传统花卉，顶风冒雪，开在百花之先，与寒冬具有不解之缘。因此，梅花在中国文化中既象征着坚毅、坚韧的高尚品格，也象征着高雅纯洁的品格。古代文人墨客留下了不少咏梅的不朽诗句。例如，“墙角数枝梅，凌寒独自开。遥知不是雪，为有暗香来。”“不是一番寒彻骨，怎得梅花扑鼻香。”“无意苦争春，一任群芳妒。零落成泥碾作尘，只有香如故。”“俏也不争春，只把春来报。待到山花烂漫时，她在丛中笑”。

4. “red bean”与红豆

红豆在汉语中又被称为“相思豆”，象征着爱情、思念。这一含义出自王维的《相思》：“红豆生南国，春来发几枝，愿君多采撷，此物最相思。”但是在英语中，红豆却没有这样的联想。

在英语中，“red bean”使人联想到的是《圣经》中的以扫（Essau），他为了一碗红豆汤（red bean stew）而出卖了自己的长子权。英语的习语“sell one’s birthright for some red bean stew”表示“见利忘义，为了微小的眼前利益出卖原则”。所以，外国人难以理解中国人以“red bean”表示“love”的原因。因此在翻译时，我们可以将红豆翻译为“red berries”或者“love bean”，避免产生误解。

5. “lotus”与荷花

荷花又名“芙蓉”，在中国文化中常被用来形容女子的娇美。这在中国古代的诗词作品中极为常见。例如：

越女

唐 • 王昌龄

越女作桂舟，还将桂为楫。
湖上水渺漫，清江不可涉。
摘取芙蓉花，莫摘芙蓉叶。
将归问夫婿，颜色何如妾？

另外，由于荷花生于污泥之中而仍纯洁无瑕，因而有着“花中君子”的美誉。这也是荷花在中国文化中最重要的文化形象。正因为此，古人常有咏颂荷花、以荷花自比的名篇佳作。例如：

莲

唐·温庭筠

绿塘摇滟接星津，轧轧兰桡入白萍。

应为洛神波上袜，至今莲蕊有香尘。

在西方文化中，“lotus”象征着摆脱尘世痛苦的忘忧树。传说人如果吃了它的果实，就会忘掉一切。因此，英语中的“lotus”有安逸、懒散、无忧虑的隐含意义。例如：

lotus land 安乐之乡

lotus-eater 醉生梦死、贪图安逸之人

lotus-eating 醉生梦死、贪图安逸的行为

lotus life 懒散、悠闲的生活

（三）文化内涵空缺的植物词汇

文化内涵空缺，是指某些植物词汇在一种语言文化中具有丰富的文化内涵，在另一种语言文化中却没有相对应的联想。我们通过表 5-1 以及表 5-2 了解在英汉语言中存在文化内涵空缺的植物词汇。

表 5–1　仅在英语中有联想意义的植物词汇及其语例

英语植物词汇	文化内涵	语例
apple（苹果）	指人或者指事	the apple of disorder（祸端、争端的起因）
grape（葡萄）	和平、富饶	见《圣经》《伊索寓言》
lily（百合）	清纯、贞洁、美貌；纯洁美人	as white as lily（如百合一样纯洁） white lily（清纯少女）
daffodil（黄水仙）	欢乐、春光	*The Daffodil*（William Wordsworth）
pumpkin（南瓜）	笨蛋	pumpkin-head 笨蛋
tomato（西红柿）	美人	Jane is a real tomato. 简真是个美人。
potato（马铃薯）	比喻人、事	a couch potato（成天看电视的人） a hot potato（棘手的事）
wild oats（野燕麦）	放荡（的青年）	sow one's wild oats 放荡，纵情玩乐
4-leaf clove（四叶苜蓿）	幸福，好运	be/live in clove 生活优裕
yew（紫杉）	不朽，致哀	英国等地的墓地上常种此类树
palm（棕榈树）	荣耀、胜利、优越	bear the palm（获胜，夺冠，居首位）

表 5-2 仅在汉语中有联想意义的植物词汇及其语例

汉语植物词汇	文化内涵	语例
竹（bamboo）	高风亮节谦逊坚强	“竹死不变节，花落有余香。” “宁可食无肉，不可居无竹。”
松（pine）	长寿；坚韧、挺拔	“福如东海水长流，寿比南山不老松。” “大雪压青松，青松挺且直。”
杏（apricot）	医家；幸福、繁荣	“杏林高手”“杏林俊秀”
粟（millet）	渺小的事物	沧海一粟
莲（lotus）	廉洁正直；清雅脱俗；爱情、浪漫	“出淤泥而不染，濯清涟而不妖。” “上有并蒂莲，下有并根藕。”
兰（orchid）	脱俗的高贵品格	“幽兰生庭前，含熏待清风；清风脱然至，见别萧艾中。”

二、中西植物词汇的等值翻译

以上我们介绍了英汉植物词汇存在的文化差异。在翻译植物词汇的过程中，为了传达植物的文化含义，在译文中正确体现植物在原文中的形象，我们应该尽量做到表意传神、形义兼顾。如果很难达到这一标准，也要把握词语在原文中的潜在含义，结合词语本身的特点，尽量对词语做出最接近原文的翻译。下面来介绍植物词汇在英汉翻译中的处理方法。

（一）保留形象直译

如果某一种植物词汇在英汉语言中具有相同的文化内涵，或者文化内涵大致相同，即源语中的植物词在译入语中可以找到相同的对应植物的形象或者是相似的对应植物的形象时，我们就可以采取保留植物形象直译的方法。例如：

peachy cheeks 桃腮

laurel wreath 桂冠

Oak may bend but will not break.

橡树会弯不会断。

使用直译的方法不仅能够保留源语的文化特征，传递原文的风格，再现原文的神韵，而且能够使译文生动活泼，并且增进英汉文化的交流，丰富译文的语言。

（二）舍弃形象意译

在翻译植物词汇时，我们可以舍弃源语中的植物形象进行意译，即抛弃原文的表达形式而只译出原文的联想意义。例如：

harass the cherries 骚扰新兵

He is practically off his onion about her.

他对她简直是神魂颠倒。

Every bean has its black.

凡人各有短处。

If you lie upon roses when young，you lie upon thorns when you old.

少壮不努力，老大徒伤悲。

（三）直译加注释法

在翻译植物词汇时，有时候为了保留原文的异域风味，丰富民族语言，同时便于译入语的读者理解，我们会使用直译加注释法进行翻译，即在翻译原文的植物词汇时保留原文的植物形象，同时阐释其文化意义。例如：

as like as two peas in a pod 豆荚里的两粒豆（一模一样）

The proof of the pudding is in the eating.

欲知布丁味道如何，只有吃上一吃（空谈不如实践）。

A rolling stone gathers no moss.

滚石不生苔（改行不聚财）。

While it may seem to be painting the lily，I should like to add something to your beautiful drawing.

我想给你漂亮的画上稍加几笔，尽管这也许是为百合花上色，费力不讨好。

（四）转换形象翻译

植物词汇一般具有两层含义，一层是字面意义，另一层是由其引申而来的文化联想含义。字面意义相同的植物词汇，其联想含义可能不一致，而字面意义不同的植物词汇，其文化联想含义可能一致。而一种语言一旦被翻译为另一种语言，译入语的读者就会按照自己民族的文化传统来解读植物词汇所具有的文化内涵。因此，当一种植物在英汉语中所具有的文化内涵不一样的时候，译者在翻译植物词汇时就不得不考虑两种语言的文化差异、译入语的文化传统以及译入语读者的习惯，并据此调整植物词汇在译入语中的表达方式。例如：

as red as a rose 艳若桃李

spring up like mushrooms 雨后春笋

potatoes and roses 粗茶淡饭

My new jeep is a lemon.

我的新吉普真是个蹩脚货。

Oaks may fall when reeds stand the storm.

疾风知劲草。

第六章　中西人名、地名文化差异与等值翻译

人名、地名看似简单，翻译起来却并不容易。这是因为，无论是人名、地名本身，还是其来源、命名方式等都是以特定文化下的历史、地理、民俗、心理等因素为依托的。因此，人名、地名中也包含着丰富的文化内涵，而中西方人名、地名中的这些文化内涵差异则使这些专有名词并不如想象的那样好翻译。本章就对中西人名、地名的文化差异及等值翻译进行详细而深入的探讨。

第一节　中西人名文化差异与等值翻译

姓名作为一种符号，往往代表了个人及其家族，具有识别作用。无论中国还是外国，姓名的构成、发展以及演变都经历了一个蛮长的过程，在不知不觉中包含了丰富的文化内涵。下面就来讨论中西人名文化差异与等值翻译。

一、中国人名文化

（一）姓氏来源

1. 来自国家名

春秋时期，大大小小的诸侯国有一百多个。这些国家在常年的混战中不断被吞并，那些失去故国的人们很多都以自己国家的名字为姓氏，以示对故国的怀念。例如，卫、刁、程、齐、杜、宋、邓、韦、陈、吴、郑、胡、房、赵、秦、阮、彭、鲁、雷、祟、晋、越、楚、韩、顾、燕、廖等今天十分常见的姓氏都起源于此。

2. 来自祖先名、字

为纪念祖先或出于对祖先的崇拜心理，有些人会以祖先的字或名为自己的姓氏。这样的姓氏约有五六百个，其中包含近两百个复姓。例如，周平王的庶子字林开，其后代就姓林。再如，齐国大夫童刁的后代就以刁为姓。又如，宋戴公之子公子充石，字皇父，汉代时改皇父为皇甫，而后其子孙就以皇甫为姓氏。

3. 来自官职名

有些中国姓氏来源于祖先曾经担任的官职名称，如司徒、司马、司空、太史等。再如，古代有个叫孚周的，官居钱府上士，类似于今天的中央银行行长，因此孚周的后人便以钱为姓。又如，汉代设有治粟都尉一职，相当于今天的粮食部部长，因此其后代便以粟为姓。

4. 来自地名

来源于居住地的姓氏大多以出生或居住的自然环境为姓。例如，春秋时期齐国公族大夫分别居住在城郭四周，就以“东郭”“西郭”“南郭”“北郭”为姓。再如，劳姓最初就因为居住在东海崂山而得姓。又如，春秋时期鲁庄公之子公子遂，字襄仲。由于他住在东门，号称“东门襄仲”，因而其后代便以东门为姓。类似这样的姓氏还有“西门”“柳下”“东门”“欧阳”“南宫”“百里”等。

5. 来自职业名

中国有子承父业的传统，因此后代也往往以世代相传的职业、技艺为姓。例如，“巫”本来是指用筮占卜的一种职业，后来被用作从事占卜之人的姓氏。类似这样的姓氏还有“卜”“陶”“匠”“甄”（制瓦器）、“屠”（宰杀牛羊）等。

6. 帝王赐姓

中国人的姓氏经常受到统治阶级的影响。古时候的帝王为奖赏有功之臣，通常会赐其“国姓”或其他姓氏，另外也会赐予那些政敌、俘虏、逆臣一些污辱性的姓氏。例如，南北朝时期，北齐武因陈王萧响反叛，令萧氏改姓蛸（即章鱼）。再如，唐朝初期，皇帝为巩固势力而赐归附的各路首领以国姓，如幽州罗艺、石州刘孝真、江淮杜伏威、河北高开道等。

7. 避讳改姓

在中国古代，因避讳而改姓的现象也十分常见。一般来说，庶民的姓名中不能有与天子姓名中任何一个相同的字，甚至是读音相同的字，若有则需改变姓氏，以突出皇帝、圣人至高无上的地位。例如，唐玄宗李隆基即位后，曾下诏让姬（与“基”同音）姓改为周姓。再如，五代十国时期，后晋皇帝石敬瑭的名字就让不少姓敬的人改姓为“苟”。

8. 以母为姓

在中国古代的母系氏族社会中，姓是氏族部落的标志符号，用来表示母系血统。其后人有的就直接以其为姓，如“姬、姒、姜、姚”等。

（二）名字来源

1. 来自出生的时间

孩子出生的时间、天气状况是中国人取名字的一个重要依据。例如，春天出生的孩子名叫“春生”，孩子出生时外面正在下雪则叫“小雪”等。类似这样的名字还有“冬生”“冬梅”“小雨”等。例如：

子兴道：“不然。只因现今大小姐是正月初一所生，故名元春，余者方从了‘春’字。”

（曹雪芹《红楼梦》）

2. 来自出生的地点

中国人的乡土观念很重，子曰：“父母在，不远游，游必有方。”由此可见，中国人对故土、宗族有着难以割舍的情怀。因此，大人在为小孩取名字的时候也常用孩子的出生地、家乡等为名，让孩子将来不要忘本。例如，郭沫若先生出生在四川乐山，乐山的大渡河古名为沫水，雅砻江古名为若水，因此合此两江的古称而取名为“沫若”。

3. 来自出生的顺序、体重

出生时的顺序、体重是中国人取名的一个重要依据，如“王老大”“张小二”“倪二”“大大”“小小”“七斤”“八斤”“九斤”等。这种方式在文化作品中有着明显的体现。

4. 来自父母的姓、名

有些父母为了纪念彼此之前的感情，而取各自姓名的一部分组合起来作为孩子的名字。例如，如果父亲姓陈，母亲姓林，则孩子可能叫“陈林”或“陈琳”。这样的取名方式在中国是十分常见的。

5. 来自长辈的寄托

有些名字中反映着父母长辈对孩子的期望或祝福。

希望耀祖光宗的名字有“显祖”“光祖”“耀宗”等。

希望家业昌盛的名字有“承嗣”“隆基”等。

希望消灾免祸、长命百岁、上天保佑的名字有“去病”“弃疾”“鹤寿”“延寿”“天佑”等。

希望报效国家的名字有“兴国”“建邦”“爱民”“爱国”“惠民”“振宇”等。

6. 来自八字、五行

中国人讲究生辰八字、五行。因此，八字、五行也成为中国人取名的一个选择来源。一般来说，孩子一出生，父母就会记下孩子的生辰八字，为取名字做准备（如庚生、子初等），然后给孩子算命，如果发现孩子命中缺哪一行，就会用该行的字来给孩子命名。例如，若孩子缺木，则会在孩子的名中使用带“木”的字眼，如“林、森、枫”等，以弥补孩子生辰八字中的不足。

7. 来自动物、植物

中国人喜欢借物抒情、以景寓情，也同样喜欢用一些象征威武雄壮的动物或象征品质高洁、不屈的植物来给男孩取名，而用一些吉祥灵巧、讨人喜欢的动物或娇美艳丽的花朵来给女孩取名，如“龙、鹏、虎、雁、燕、凤、松、梅、莲、荷”等。

8. 来自历史大事件

重大历史事件往往对人有着深刻的影响。因此，很多中国人在为孩子取名时也会使用这些历史事件的名字或用一些与这些历史事件有关的词语。例如，新中国诞生之初在全国进行土改运动，期间还发生了抗美援朝战争。因而在此期间出生的孩子的名字里多有“建国”“解放”“国庆”“卫国”“援朝”等字样；“大跃进”时期出生的孩子的名字里多有“跃进”“超英”等；纪念“文化大革命”的名字有“文革”“卫东”“红卫”等。

9. 来自器物的名称

除了上述几类名字来源外，一些代表美好事物或有深刻寓意的字词也经常成为家长起名的首选。例如，苏轼的“轼”字本为车前横木，用来凭靠瞭望。尽管“轼”没有车轮、车身等重要，但确是车子必不可少的组成部分。以“轼”为名就暗含了苏父苏母希望苏轼长大之后不要成为装饰、浮华之人，而要成为低调、朴实的有用之人。类似这样的例子还有“宝玉”“宝珠”“金斗”“金莲”“银莲”“铜锁”“铁柱”等。

10. 利用汉字结构

还有一些中国人名是从此人的姓氏上演化出来的，或加减姓氏的笔画，或将姓氏拆开，或用叠字来取名，如王玉、吕品、聂耳、盛成、张长弓、胡古月、雷雨田、李师师、高圆圆等。

（三）字、号的文化内涵

在古代，中国人（尤其是士大夫、知识分子）除了正式的姓名以外，还经常取“字”和“号”，这是中国人名文化的一大特色。相对于姓名，“字”和“号”往往包含了更多的文化内涵，下面我们就对此进行深入探讨。

1. 字的文化内涵

《礼记•檀弓》中曾指出，人在进入成年以后需要受到社会的尊重。名字一般只供长辈和自己称呼，而同辈人若以名直接呼之则显不恭。因此，为了便于亲朋好友以及同僚之间礼貌互称，中国古代有文化、有地位的人通常会给自己取一个字，用以社会交际。

《现代汉语词典》（汉英双语版）曾指出，“字”是“根据人名中的字义，另取的别名”。由此可见，字是从名演化而来的，和名有着密切的联系。“名之与字，义相比驸”，名是取字的关键。字与名之间的联系主要有以下五种。

①字与名意义相同、相通，呈并列关系，因而又称“并列式”。例如：

张衡，字平子。衡与平意义相同。

孟轲，字子舆。轲与舆意义相同。

诸葛亮，字孔明。明与亮意义相同。

②字与名意义相近，但不完全相同，呈互相辅助的关系，因而又称“辅助式”。例如：

梁鸿，字伯鸾。鸿与鸾是不同种类的飞禽，语义互为辅助。

陆机，字士衡。机与衡都是北斗的星名，语义互为辅助。

李渔，字笠翁。由于渔翁常戴蓑笠，因而语义相符。

③字与名意义相顺，即字与名出自一句话，意思相顺，且字为名意思的补充、修饰，这种情况，因而又称“扩充式”。例如：

赵云，字子龙。字与名出自《周易》“云从龙，风从虎”，意思相顺。

于谦，字廷益。字与名出自《尚书》“满招损，谦受益”，谦为因，益为果，意思相顺。

曹操，字孟德。字与名出自《荀子•劝学》“生乎由是，死乎由是，夫是之谓德操”。德操即道德操守，字是名的解释与补充。

④字与名意义相延，即字是名意思的延伸，因而又称“延伸式”。例如：

李白，字太白。太白指的是太白金星，延伸了白的含义。

杜牧，字牧之。牧之就是放牧的意思，延伸了牧的含义。

雷简夫，字太简。太简是对简意义的延伸与强调。

⑤字与名意义相反，因而又称“矛盾式”。例如：

吴平，字君高。高与平意义相反。

朱熹，字元晦。熹与晦意义相反。

刘过，字改之。过与改意义矛盾，但却蕴含了“过而能改，善莫大焉”的深刻含义。

2. 号的文化内涵

“号”也是中国古代的士大夫、文人等上层人士在正名以外用于自称的一种方式。“号”的起源较早，唐宋以后开始流行，到明清时期已经十分盛行。一般来说，人们在给自己取“号”时，通常喜欢以自己的居住环境、性情、喜好等作依据，以委婉、含蓄地表达自己的爱好、情趣或志向。例如：

李白，号青莲居士，因其生长在清莲乡。

苏轼，号东坡居士，因其被贬至湖北黄州时居住在东坡赤壁。

郑燮，号板桥，因其故乡的护城河上有一座古板桥。

陶渊明，号五柳先生，只因“宅边有五柳树，因以为号焉”。

另外，一个人可以取很多号。例如：

曹霑，号雪芹、芹圃、芹溪等。

唐寅，号六如居士、鲁国唐生、桃花庵主、逃禅仙吏等。

二、英语人名文化

（一）姓氏来源

①来自教名。在教名前增加表示血统关系的前缀，如 M’-，Mc-，Mac-，Fitz- 或后缀，如 -s，-son，-ing 等构成姓氏，表示“……之子”“……的后代”，如 Fitzgerad（加上前缀 Fitz，意为“Gerad 之子”），Macarthur（加上前缀 Mac，意为“Arthur 之子”），Jackson（加上后缀 -son，意为“Jack 之子”）等。

②来自宗教、神话名。宗教在西方文化中的影响深远，从西方人的姓氏中可见一斑，如 James（意为“愿神的保佑”），Christopher（意为“基督的人”），Edward（意为“财富守护者”）等。

③来自个人特征。祖先样貌的某种特征也会成为姓氏产生的一大来源，如 Longman（意为“高个子”），Hard（意为“吃苦耐劳的”），Sharp（意为“精明的”），Stow（意为“大块头”），Sterling（意为“有权威的”）等。

④来自职业。和中国人的姓氏一样，职业也是西方人姓氏的一个主要来源，如 Smith（意为“铁匠”），Potter（意为“做陶罐的”），Baker（意为“面包师”），George（意为“耕作者”），Hofman（意为“宫廷侍臣”），Thatcher（意为“盖茅草屋的”），Sheriff（意

为“县长”）等。

⑤来自颜色。颜色在姓氏中的出现频率很高，如 Orange（为“橘黄色”），Red（为“红色”），Golden（意为“金色”），White（为“白色”），Grey（意为“灰色”），Black（为“黑色”），Green（意为“绿色”），Blue（为“蓝色”），Brown（意为“棕色”）等。

⑥来自动植物。以动物为姓氏在西方文化中极为常见，如 Bull（意为“公牛”），Drake（意为“公鸭”），Hawk（意为“鹰”），Hart（意为“公鹿”），Bush（意为“灌木丛”），Stock（意为“紫罗兰”），Cole（意为“油菜”），Cotton（意为“棉花”），Reed（意为“芦苇”）等。

⑦地貌或环境特征，如 Ford（意为“可涉水而过的地方”），Churchill（意为“山丘”），Brook（意为“小溪”），Well（意为“水井、泉”），Wood（意为“森林”），Forest（意为“森林”），Hill（意为“山丘”），Field（意为“田野”）等。

⑧来自建筑、地名，如 Hall（礼堂），Mill（磨坊），London（英国首都），Lincoln（美国内布拉斯加州首府），Kent（英格兰东南部之一）等。

⑨来自自然现象，如 Rain（意为“雨”），Snow（意为“雪”），Frost（意为“霜”）等。

（二）名字来源

①来自宗教，如 Athena（意为“智慧女神”），Diana（意为“月亮女神”），Eliot（意为“上帝的礼物”）等。

②来自人的外貌、性格特征，如 Dump（意为“矮胖子”），Calvin（意为“秃头”），Crispin（意为“卷发”），Anne（意为“善良、优雅、喜欢帮助人的女孩”），Cathy（意为“可爱年轻、充满活力、外向、有趣的金发女子”），William（意为“强大的捍卫者”），Albert（意为“聪明的人”）等。

③来自职业，如 Durward（意为“守门人”），Mason（意为“石匠”），Penelope（意为“织女”），Spencer（意为“仓库保管人或粮食分配者”）等。

④来自动、植物，如 Arthur（意为“雄熊”），Leo（意为“狮子”），Gary（意为“猎犬”），Voila（意为“紫罗兰”），Daisy（意为“雏菊”），Ivy（意为“长春藤”），Daphne（意为“桂树”），Cherry（意为“樱桃”）等。

⑤来自货币，如 Franc（法国货币“法郎”），Mark（德国货币“马克”），Dollar（美国货币“美元”），Pound（英国货币“英镑”）等。

⑥利用英语构词法，如 Rosemary（Rose 与 Mary 组合而成），May 和 Myra（由 Mary 变移构成）等。

三、中西人名文化差异

通过上述分析可以看出，中西方的人名文化存在一定的相似之处，如以居地、职业、官职为姓的现象是中西方人名中共有的现象。尽管如此，中西方毕竟属于两个不同的文化系统，因此双方的人名文化有着很多明显的差异。

（一）姓名结构差异

1. 结构差异的表现

英语姓名与汉语姓名在结构上存在一定差异。英语姓名是名在前，姓在后，如Shakespeare是姓，William是名。英语姓名一般由三部分构成，即教名（the Christian name/the first name/the given name）+中间名（the middle name）+姓（the family name/the last name），如Eugene Albert Nida（尤金·阿尔伯特·奈达）。但很多时候，英语的中间名仅写首字母或不写，如Eugene Albert Nida写成Eugene A. Nida或Eugene Nida。相反，汉语中姓名的顺序是：姓+名，如“白居易、王安石、雷锋”等。从古至今，汉语中的姓都是从父亲那里传承下来的，父亲姓什么孩子也就姓什么。在我国，姓氏的功能是用以续血统、别婚姻。名字多是由长辈、父母或亲属为自己起的。然而，近些年，为了追求个性，很多人因各种原因选择了随母姓。

2. 造成差异的原因

（1）客观原因

造成中西方姓名结构差异的客观原因是中西方姓与名产生的时间先后有差别。中国的姓最初产生于母系氏族社会。而中国人的名则产生于夏商时期，晚于姓。正是由于中国人姓名的演变是先有姓、后有名的历史过程，因此呈现出“姓前名后”的排列结构。然而西方人名演变过程却是先有名、后有姓。很多西方国家，如英、法、德等在很长一段时间内都处于有名无姓的时期。姓直到中世纪后期才开始出现，如英国的贵族11世纪才开始使用姓，文艺复兴时期以后才在全国普及开来；德法两国人13世纪以后开始使用姓。俄罗斯更晚，16世纪才开始使用姓。因此，西方人的姓名呈现出“名前姓后”的排列结构。

而造成中国的姓氏早于名字出现，西方的名字早于姓氏出现的原因主要在于以下两个方面。

①中华民族有5 000年的悠久历史，相比之下，西方的文明史要短很多。

②汉字产生的时间明显要比其他文字产生的时间要早。作为记录姓名的符号，语言产生的早晚也影响到姓名称谓产生的早晚。

（2）主观原因

造成中西方姓名结构差异的主观原因是中西方价值观念不同。中国古代社会具有明显而强烈的宗法观念，宗族可以说在中国传统文化中占据举足轻重的地位，是社会凝结的核心。因此，相对于代表个人的名字而言，代表宗族的姓氏要重要得多，体现在姓名结构上，就表现为姓氏在前、名字在后的排列顺序。西方人与中国人截然相反，西方文化强调个人独立，推崇人的自由、平等，个人的利益、价值受到极大重视和保护，因而代表个人的名就位于代表群体的姓之前。

（二）姓氏文化差异

1. 数量差异

就数量而言，英语中的姓要比汉语中的姓氏多很多。据《中华古今姓名大辞典》记载，目前汉语的姓名包括少数民族的姓名共有 1.2 万个。而英语的姓大概有 15.6 万个，常用到的就有约 3.5 万个。英语国家的姓的数量之所以如此庞大，与其社会、经济状况有密切的关系。郑春苗在《中西文化比较研究》一书中就对这一现象展开了论述：

“这个时期（18—19 世纪，笔者注），城市资本主义经济有了广泛发展，宗法大家庭越来越被小家庭所代替。征兵纳税以及各国之间贸易往来和人口频繁迁徙等因素使个人的地位和作用越来越突出，于是作为解决财产所有权和承担社会权利和义务的姓就必然成为广泛的社会问题，迫使各国政府下令每人都必须有姓。在这种个体小家庭广泛存在的社会条件下，姓名数量就自然比中国人多。”

2. 作用差异

就作用而言，汉语姓氏所承载的内容比英语姓氏要多很多。前面我们提到，姓氏的作用主要有以下两个。

①承载宗族观念。姓氏是家族或宗族的标志，一方面标志着血缘、亲属关系，另一方面也区分了不同的族群。中国的家族或宗族通常因姓聚居，互相帮助、扶持，人们在心理上也有强烈的归属感。而这种对于宗族观念的强调最终也反过来又加深了中国的宗法观念和制度，成为中国古代，乃至现在，人际交往的一大凭据。

②区别婚姻。中国有“同姓不婚”的习俗。这不仅是为了下一代着想，更是巩固家族的需要。因为不同姓氏的宗族集团一旦结成姻亲，就能互相扶助，增强势力。

相比之下，英语姓氏就没有这些作用。另外，姓氏在英语文化中也远没有在汉语文化中重要。

3. 求美性与随意性的差异

英语姓氏千奇百怪，五花八门，一些中国人认为不雅的、不吉利的、不悦耳的词，都可以作为他们的姓氏而代代相传，例如，Wolf（狼）、Poison（毒药）、Fox（狐狸）、Tomb（坟墓）等。相反，汉语民族对姓氏的要求极为严格，追求姓氏的美感。例如，汉语姓氏中不会出现“丑”“恶”等字眼。汉语中源自部落图腾的姓，如“狼”“猪”“狗”，为了避丑后来将其改成了“郎”“朱”和“苟”。可见，英汉民族对姓氏的美丑有着不同的观点。

4. 概括性与表述性的差异

汉语姓氏具有概括性，多表示族群，并不表述个体的特征。相比之下，英语姓氏则具有表述性，更多地描述了个体的特征。例如，英汉民族均有源于动物的姓氏，但其反映出的文化各有分别：汉语中的动物姓氏，如龙、熊等皆为原始部落图腾的标志。而英语中的动物姓氏则反映出了个人的特征，如“Bull”反映了人的忠实厚道或力气大的特点，“Wolf”反映了人的凶残者，“Longfellow”反映了人的身子很长等。

（三）名字文化差异

1. 取名倾向、避讳的差异

（1）英语名字的取名倾向与避讳

英语民族在给孩子取名时多追求来源好、含义好、有灵意、有人名故事，有《圣经》经文，除此以外还会考虑以下两个方面。

①避免英文名字元音的困扰。一个好的英文名字，要避免名的字尾和姓的字首都是元音，如 Evan Anderson（伊瓦•安德森），主要是听起来比较不好听。

②避免英文辅音字母的困扰。辅音也会造成英文名字念起来不好听，如 Tammy Tung（塔迈•唐），Lucy Liu（露西•刘）等。

（2）汉语名字的取名倾向与避讳

与英语国家取名所考虑的因素相比，中国人在取名时考虑的方面要多很多，除了注意音美、形美、意美之外，还有一些禁忌。

①忌用“凶”“坏”字眼取名。

②忌用“丑”“陋”字眼取名。

③忌用贬义取名。

④忌用繁难、怪僻的字眼取名。

2. 宗法性与宗教性的差异

汉语名字带有浓重的宗法色彩，具有“美教化厚人伦”的作用。中国古代的人名，尤其是男子名字，通常由“字辈名”和父母所起的名字构成。“字辈名”表明辈分和排行，体现出极强的宗法意识，而父母所起的名字也无不反映出极强的宗法观念和伦理精神。这种“字辈名 + 父母取名”的名字构成方式即使在今天的一些传统中国家庭中也极为常见。男子名字中常使用的字有：德、义、仁、礼、孝、忠、信、智、勇等。女子名字中常使用的字有：慧、淑、静、贞、娴等。

英语名字中体现出鲜明的宗教和神话色彩。西方文化的形成离不开以下两个因素。

①基督教。前面介绍到，英语中的很多名字都和宗教有关。这是因为，西方文化很大程度上可以说是基督教文化，基督教是英语民族社会生活的中心，对人们的行为和道德有着极大的约束作用。

②古希腊、罗马文化。古希腊、罗马文化可以说是西方文化的另一个源泉，它影响着西方国家的方方面面。因此，英语中也有很多源自希腊、罗马神话的名字。

四、中西人名的等值翻译

（一）姓名的结构顺序

由于中西方人名的姓氏和名字排列顺序不同，因此要按照源语文化中姓名的排列顺序来翻译。中国人名英译时要按照中国人名的排列习惯，姓氏在前，名字在后。用汉语拼音翻译，姓氏和名字分开，第一个字母都要大写。姓氏或名字是两个汉字的，这两个汉字的拼音要连在一起，如雷锋—Lei Feng；汤显祖—Tang Xianzu；司马昭—Sima Zhao；孙思邈—Sun Simiao；吴道子—Wu Daozi 等。同样，英语人名汉译时也要按照英语人名的排列顺序，名字在前，姓氏在后，如 Thomas Jefferson—托马斯·杰斐逊；Albert Einstein—阿尔伯特·爱因斯坦；James Fenimore Cooper—詹姆斯·费尼莫·库珀；Edmund Henry Heinman Allenby—埃德蒙·亨利·海因曼·艾伦比等。

（二）姓名的翻译方法

1. 一般姓名的翻译

（1）音译

虽然一些中西方人名有某种词汇含义，但人名作为一种符号，这种词汇含义已完全丧失，因此人名通常采用音译法来翻译。一般来说，音译英语人名时要按照其发音及人物性别在汉语中找到合适的汉字来对应。例如：

Scarlett O’hara was not beautiful，but men seldom realized it when caught by her charm as the Tarleton twins were...

Seated with Stuart and Brent Tarleton in the cool shade of the porch of Tara，her father’s plantation，that bright April afternoon of 1861，she made a pretty picture.

（Margaret Mitchell：*Gone with the Wind*）

斯佳丽·奥哈拉长得并不美，但是男人一旦像塔尔顿家孪生兄弟那样给她的魅力迷住往往就不大理这点……

1861 年 4 月，有一天下午阳光明媚，她在父亲的塔拉庄园宅前门廊的荫处，同塔尔顿两兄弟斯图特和布伦特坐在一起，那模样真宛若画中人。

用音译法翻译中国人名时可用汉语拼音按照汉语姓名的排列顺序拼写人名，姓和名的第一个字母大写，双姓、双名之间连在一起，无须空格，亦无须连字符。例如：

迎春姊妹三个告了座方上来。迎春便坐右第一，探春左第二，惜春右第二。

（曹雪芹《红楼梦》）

Then Yingchun and the two other girls asked leave to be seated，Yingchun first on the right，Tanchun second on the left，and Xichun second on the right.

（2）威氏拼音法

威氏拼音法，即威妥玛 – 翟理斯式拼音法（Wade-Giles romanization），是中国清末到 1958 年汉语拼音方案公布之前，在中国以及国际上流行的中文拼音方案，用以拼写中国人名、地名。威氏拼音法虽然保留了一些英语拼写的特点，但与英语拼写并不完全一致，使用威氏拼音法来翻译中国人名也是一个不错之选。例如：

金桂意谓一不做，二不休，越性发泼喊起来了。

（曹雪芹《红楼梦》）

Determined to go the whole hog，Chirt-kuei went on ranting more wildly.

吴用道：“休得再提。常言道：‘隔墙有耳，窗外岂无人。’只你知我知。”

（施耐庵《水浒传》）

“You must not mention it，” said Wu Yung. “There is a saying，‘Walls have ears，and outside the window is there not a man?’ This plan must be kept between you and me only.”

大水说：“赫！看你，跟个泥菩萨似的！”双喜说：“大哥别说二哥，两个差不多！”

（袁静等《新英雄儿女传》）

“Hey，” said Ta-shui，“you look just like a mud Buddha!”

“The pot shouldn't call the kettle ‘black’！” Shuangxi retorted. “We are two of a kind!”

（3）音译 + 注释

用汉语拼音翻译中国人的名字存在缺陷，既无法体现出名字中的寓意、联想，也体现不出汉语男性人名的阳刚和女性人名的阴柔之美，所以翻译汉语人名时就可以使用音译加注法。这种方式就是先用汉语拼音翻译人名，然后在括号或引号中解释汉语人名的含义。例如：

我的父亲应许了；我也很高兴，因为我早听到闰土这名字，而且知道他和我仿佛年纪，闰月生的，五行缺土，所以他的父亲叫他闰土。

（鲁迅《故乡》）

When my father gave his consent I was overjoyed，because I had since heard of Runtu and knew that he was about my own age，born in the intercalary month，and when his horoscope was told it was found that of the five elements that of earth was lacking，so his father called him Runtu（Intercalary Earth）.

彼此介绍之后，鸿渐才知道那位躬背的是哲学家褚慎明，另一位叫董斜川，原任捷克中国公使馆军事参赞，内调回国，尚未到部，善做旧诗，是个大才子。这位褚慎明原名褚家宝，成名以后，嫌“家宝”这名字不合哲学家身份，据斯宾诺莎改名的先例，换称“慎明”，取“深思明辨”的意思。

（钱钟书《围城》）

During the introductions，Hung-chien learned that hunchback was the philosopher Ch'u Shen-ming and the other was Tung Hsieh-ch'uan，a former attache at the Chinese legation in Czechoslovakia. Transferred back to China，Tung had not yet been assigned a new post; he wrote excellent old-style poetry and was a great literate，talent. Ch'u Shen-ming's original name was Ch'u Chia-pao. After attaining fame he found Chia-pao（literally，family treasure）unsuitable for a philosopher and changed it，following the precedent set by Spinoza，to Shen-ming（literally，careful and clear），taken from the expression “consider carefully and argue clearly”.

这隐士痴想，忽见隔壁葫芦庙内寄居的一个穷儒，姓贾名化、表字时飞、别号雨村者，走了出来。

（曹雪芹《红楼梦》）

His rueful reflections were cut short by the arrival of a poor scholar who lived next door in Gourd Temple. His name was Jia Hua，his courtesy name Shifei，and his pen-name Yucun.

（4）释义

释义译法就是在翻译时对原文中人名进行解释。例如：

方遯翁想起《荀子·非相篇》说古时大圣大贤的相貌都是奇丑，便索性跟孙子起个学名叫“非相”。方太太也不懂什么非相是相，只嫌“丑儿”这名字不好，说：“小孩子相貌很好——初生的小孩子全是那样的，谁说他丑呢？你还是改个名字罢。”

（钱钟书《围城》）

Remembering that Hsun Tsu had stated in his chapter “No Face” that faces of all great saints and sages of antiquity were very ugly，Fang Tun-weng simply gave his grandson the school name of “No Face”. Mrs. Fang understood nothing about any face or no face，but she didn't care for the name “Ugly Boy” and insisted，“The boy has a fine face. All new-bores are like that. Who says he's ugly?”

布帘起处，走出那妇人来。原来那妇人是七月七日生的，因此小字唤作巧云，先嫁了戈吏员，是蕲州人，唤作王押司，两年前身故了。方才晚嫁得杨雄，未及一年夫妻。

（施耐庵《水浒传》）

The door curtain was raised and a young woman emerged. She had been born on the seventh day of the seventh month，and she was called Clever Cloud. Formerly she had been married to a petty official in Qizhou Prefecture named Wang. After two years，he died，and she married Yang Xiong. They had been husband and wife for less than a year.

2. 中国人字、号的翻译

（1）字的翻译

汉语中的“字”一般可以用英语爵号来对应，翻译成“courtesy title”。例如：

生而首上圩顶，故因名曰丘云。字仲尼，姓孔氏。

（司马迁《史记》）

There was a noticeable convolution on his head at his birth，and that was why he was called Ch'iu（meaning a “hill”）. His literary name was Chungni，and his surname was K'ung.（“Confucius” means “K'ung the Master”.）

林如海笑道：“若论舍亲，与尊兄犹系同谱，乃荣公之孙：大内兄现袭一等将军，名赦，字恩侯；二内兄名政，字存周，现任工部员外郎。”

（曹雪芹《红楼梦》）

Ruhai smiled，“My humble kinsmen belong to your honorable clan. They're the grandsons of the Duke of Rongguo. My elder brother-in-law Jia She，whose courtesy name is Enhou，is a hereditary general of the first rank. My second，Jia Zheng，whose courtesy name is Cunzhou，is an under-secretary in the Board of Works.”

这人乃是智多星吴用，表字学究，道号加亮先生，祖贯本乡人氏。

（施耐庵《水浒传》）

This was Wu Yong the Wizard. He was also known as the Pedant. His Taoist appellation was Master Increasing Light. Since the earliest times his family had resided in this neighborhood.

（2）号的翻译

汉语中的“号”一般可翻译为“literary name”“pen name”。而号的内容则可根据实际情况采取音译、意译等方法处理。例如：

这士隐正痴想，忽见隔壁葫芦庙内寄居的一个穷儒，姓贾名化、表字时飞、别号雨村者，走了出来。

（曹雪芹《红楼梦》）

His rueful reflections were cut short by the arrival of a poor scholar who lived next door in Gourd Temple. His name was Jia Hua，his courtesy name Shifei，and his penname Yucun.

第二节　中西地名文化差异与等值翻译

地名也同样承载和反映了其所在地的丰富文化。作为语言词汇中文化载荷量较重的成分，地名中蕴含的文化及其这种文化的等值翻译也十分重要。本节来研究中西地名文化差异与等值翻译。

一、中西地名文化

（一）中国地名的来源

（1）来自方位和位置

这类地名可以分为以下几种情况。

①以阴阳位置为依据（对山而言，南为阳，北为阴；对水而言则正好相反）产生的地名有：洛阳（位于洛水以北）、衡阳（位于衡山之南）、江阴（位于长江以南）等。

②以东、南、西、北方向为依据产生的地名有：河南、河北、湖南、湖北、山东、山西等。

③以河流、湖泊、山脉、海洋为依据产生的地名，如澳门（位于珠江口，海湾可以泊船的地方为澳，故而得名）等。

（2）来自人的姓氏、名字

以姓氏取名的现象在中国十分常见，如李家湾、石家庄、王家屯、肖家村等。也有少部分地名来自人名，如中山市（来源于革命先行者孙中山）、靖宇县（来源于革命先烈杨靖宇）、左权县（来源于革命先烈左权）等，目的在于纪念这些历史人物。

（3）来自动物、植物的地名

中国有很多地名来源于动物和植物。例如，来自动物的地名有“凤凰山”“鸡公山”“奔牛镇”“瘦狗岭”“马鬃山”“黄鹤楼”等；来自植物的地名有“桂林”“樟树湾”等。再如：

昔人已乘黄鹤去，此地空余黄鹤楼。

（崔颢《黄鹤楼》）

老汉姓刘，此间唤作桃花村，乡人都叫老汉做桃花庄刘太公。

（施耐庵《水浒传》）

太公道："教头在上，老汉祖居这华阴县界，前面便是少华山，这村便唤作史家村，村中总有三四百家，都姓史。"

（施耐庵《水浒传》）

（4）来自美好愿望

地名中也常包含着人们的期盼和愿望，如万寿山、万福河、富裕县、永昌县、安康市、吉安市等。

（5）来自宗教

中国自古就以信奉佛教为主，此外，道教、伊斯兰教、基督教、天主教以及其他民间宗教在中国也有所发展，与这些宗教共同出现的一些古迹的名称也都成了今天的文化古迹。很多地名就来源于这些宗教古迹。

①来自佛教的地名有"峨眉山""普陀山""龙门石窟""敦煌莫高窟"等。

②来自道教的地名有"永乐宫""白云观""九宫山""武当山"等。

③来自伊斯兰教的地名有北京"礼拜寺"、上海大桃园"清真寺"、南京"净觉寺"等。

（6）来自矿藏和物产

类似这样的地名有铁山、盐城、铁岭、大冶、无锡、铜陵、铜禄山等。

（7）来自形状和特征

有些地名来源于该地本身的特征，如黄河（因其水中含有大量泥沙而得名）、五指山（因其状如五指而得名）等。

（8）来自移民故乡

清朝时期，为了充实京城的实力，大批山西人迁至北京，于是北京的地名中就有很多来自山西的县名。例如，北京大兴凤河两岸有"长子营""霍州营""南蒲州营""北蒲州营""河津营""屯留营"等地名；顺义西北有"夏县营""忻州营""东降州营""西降州营""红铜营"等地名。

（9）来自社会用语

来自社会用语的地方有怀仁山、秀才村等。例如：

次日天明，赵员外道："此处恐不稳便，可请提辖到敝庄住几时。"鲁达问道："贵庄在何处？"员外道："离此地十里多路，地名七宝村便是。"

（施耐庵《水浒传》）

（10）其他

除上面几种主要来源外，中国地名还有一些其他来源。

①来源于日用品的地名，如"铜锣湾""鼎湖山"。

②来源于称谓的地名，如"哑巴庄"。

③来源于外来词的地名，如"齐齐哈尔""哈尔滨""呼兰哈达"等。

（二）英语地名的来源

（1）来自普通名词

有些表示地方的专有名词来自普通名词。这是因为这些地方在所属类型的地形中十分突出，因而被直接冠以该地形的名字，成为专有名词。

①原意是“山”的地名，如 Balkan（巴尔干）、Alps（阿尔卑斯）、Pyrenees（比利牛斯）等。

②原意是“河”的地名，如 Niger（尼日尔）、Elbe（易北）、Douro（杜罗）等。

③原意是“湖泊”的地名，如 Chad（乍得）等。

④原意是“港口”的地名，如 Portsmouth（朴次茅斯）、Bordeaux（波尔多）等。

⑤原意是“平原”的地名，如 Seville（塞维利亚）、Syria（叙利亚）等。

（2）来自山河湖泊

①根据河流命名的地名，如美国的 Tennessee（田纳西州）、Ohio（俄亥俄州）、Colorado（科罗拉多州）等。

②根据湖泊命名的地名，如美国的 Michigan（密歇根州）、加拿大的 Ontario（安大略省）等。

③根据山脉命名的地名，如美国的 Nevada（内华达州）等。

（3）来自姓氏、名字

虽然来源于人名的地名在中国并不多见，但在西方国家却十分普遍。例如，America（美洲大陆）来源于意大利航海家亚美利戈 • 韦斯普奇（Amerigo Vespucci）；Magellan Strait（麦哲伦海峡）来源于葡萄牙探险家费尔南多 • 麦哲伦（Fernando Magellan）。

（4）来自形状和特征

例如，Holland、Netherlands（荷兰）的意思就是“低洼的土地”，这与荷兰地势低洼的地理特征相吻合。

（5）来自矿藏和物产

例如，美国犹他州（Utah）首府盐湖城（Salt Lake City）因其附近的大盐湖（Salt Lake）而得名。

（6）来源于日常事物的地名

如 Moon（穆恩，意思是“月亮”）、Money（马尼，意思是为“金钱”）、Hot Coffee（霍特咖啡，意思是“热咖啡”）、Tombstone（汤姆斯通，意思是“墓碑”）等。

（7）来自动物

例如，亚速尔群岛（Azores Islands）因岛上海鹰众多而得名；坎加鲁岛（Kangaroo Island）因岛上袋鼠成群而得名。

（8）来自美好愿望

例如，Pacific Ocean（太平洋）的字面意思就是“温和的、和平的、平静的海洋”，体现了人们对和平的向往和美好愿望。

（9）来自移民故乡

美国是一个典型的移民国家，来自世界各地的人们都在这里留下了自己的足迹，这一点从美国的地名就可以看出。例如，New York（纽约）、New Jersey（新泽西）、New England（新英格兰）、New Mexico（新墨西哥）、New Plymouth（新普利茅斯）、New Orleans（新奥尔良）等。

（10）其他

英语国家还有一些来源奇特的地名。

①因一时误会而将错就错产生的地名。例如，美国阿拉斯加州西部的C. Nome（诺姆角）的产生就是：一位早期的地图编制者发现这个地方尚未命名，于是写上“？ name”的字样，意思是问“名字呢”。但由于笔迹潦草，因而被误以为此处名为C. Nome。

②还有一些地名是人们创造的奇怪词语，如Tensleep（滕斯利普，意思是“睡十觉”）、Deadhorse（戴德霍斯，意思是“死马”）、Malad City（马拉德城，意思是“瘟疫城”）。

二、中西地名的等值翻译

（一）地名翻译的原则

地名的翻译并不像表面上那么简单，它不仅涉及语言、文化，也和政治、经济、国防以及主权密不可分。地名的翻译有一条国际准则，即名从主人。例如，珠穆朗玛峰（Qomolangma）是中国最美、最令人震撼的一座名山。我国清代《皇舆全览图》称此峰为“朱母朗玛阿林”。其中“阿林”是满语，意思是山峰，按照名从主人的原则翻译过来应该是“珠穆朗玛山峰”。然而，我国曾在很长一段时间内将此山名翻译成“埃佛勒斯峰”（Everest）。而这个名字却是以英国人埃佛勒斯（George Everest）的名字命名的，不仅违背了“名从主人”的原则，更损害了我国的国家尊严，后来改为“珠穆朗玛峰”。

（二）地名翻译的方法

在介绍地名翻译的方法之前，首先需要明确地名的组成部分。地名通常包括通名和专名两个部分。通名是指能够概括某种地物共性、起定性作用的名称。而专名是指某一具体的、有别于其他类似地物地理实体的专用语，如北京、哥斯达黎加、纽约是专名，而市、岛、湖则是通名。弄清楚这一点对地名的翻译十分重要。

1. 英语地名的翻译

英语地名的翻译应遵循“音译为主、意译为辅、兼顾习惯译法”的原则。下面我们举例介绍英语地名的各种翻译方法。

（1）音译

音译法是翻译英文地名的主要方法。翻译时应避免使用生僻词和容易产生联想的词，还要注意不要体现褒贬意义。在翻译英语地名中的专有名词时，通常也采用音译法。例如：

Bellflower（Mont.）贝尔弗劳尔（蒙大拿）

Ball（La.）鲍尔（路易斯安那）

Branch（Miss.）布兰奇（密西西比）

Tendal（La.）滕达尔（路易斯安那）

Covada（Wash.）科瓦达（华盛顿）

Goodnight（Tex.）古德奈特（得克萨斯）

（2）惯译

习惯译名法多用于翻译以人名、宗教名、民族名命名的英语地名。例如：

Oxford 牛津

Cambridge 剑桥

Philadelphia 费城

Brazil 巴西

Burma 缅甸

John F. Kennedy Space Center 约翰·肯尼迪航天中心

（3）意译

意译是表现地名文化内涵的最佳方法。地名的意译通常分为以下几种情况。

①英语地名中的通名通常需意译。例如：

Fall City（Wash.）福尔城（华盛顿）

City Island（N.Y.）锡蒂岛（纽约）

Goodhope River（Alaska）古德霍普河（阿拉斯加）

②地名中修饰专名的新旧、方向、大小的形容词需意译。例如：

Long Island City（N.Y.）长岛城（纽约）

Little Salt Lake（Utah）小盐湖（犹他）

Hot Spring County（Ark.）温泉县（阿肯色）

Great Smoky Mountains（N.C.—Tenn.）大雾山（北卡罗来纳—田纳西）

③由数字、日期构成的地名需意译。例如：

Thousand Islands（N.Y.—Canada）千岛群岛（[美]纽约—加拿大）

Ten Thousand Smokes Valley（Alaska）万烟谷（阿拉斯加）

Four Peaks（Ariz.）四峰山（亚利桑那）

④来自人名的地名中，若人名前有衔称需意译。例如：

King George County（Va.）乔治王县（弗吉尼亚）

Prince of Wales Island（Alaska）威尔士王子岛（阿拉斯加）

2. 中国地名的翻译

地名翻译往往关系到一个国家的领土主权，因此，我们在翻译中国地名时务必要注意翻译的准确性，以维护我国领土主权和民族尊严。在名从主人以及《地名标牌 城乡》的标准下，中国地名的翻译多采用以下几种方法。

（1）音意结合

音意结合是指，在翻译地名的专名部分时要用音译，而对通名部分则需要意译。例如：

这人是清河县人氏，姓武，名松，排行第二，今在此间一年矣。

（施耐庵《水浒传》）

He is called Wu Song. He's from Qinghe County, and is the second son in his family. He's been here a year.

西门庆道："'但得一片橘皮吃，莫便忘了洞庭湖！'这条计几时可行？"

（施耐庵《水浒传》）

"'Can one forget Dongting Lake while eating its fragrant tangerine peel?' When do we start?" said Ximen Qing.

（2）音意叠加

地名中的专名为单音节词时，通名被看作是专名的一个组成部分，与专名一起音译，再重复意译通名。例如：

太湖 Taihu Lake

礼县 Lixian county

天池 Tianchi Lake

长江是中国最长的河流。

The Changjiang River is the longest river in China.

当你站在黄山之顶，你会发现周围的山峰云雾缭绕，无限风光，真有会当凌绝顶，一览众山小的感觉。

When you stand on the top of the Huangshan Mountain, you will find yourself filled with passion and ambitions.You will find the world below suddenly belittled.

（3）意译

有些地名的意译名字已经为人们所接受，成为固定的译名，这时就应该采用这种固定译名。例如：

黄河 Yellow River

香港 Hong Kong

南海 South China Sea

万寿寺 the Longevity Temple

白云观 White Cloud Monastery

朱雀桥边野草花，乌衣巷口夕阳斜。

（刘禹锡《乌衣巷》）

Wild grasses and flowers sprawl beside Red Sparrow Bridge.

The setting sun is just declining off the Black-Robe Lane.

相如见到东面一座大宅院墙上写着"聚仁巷"三字，扭头对后面的狗驮子说："快去通报，说司马相如到了！"

（徐飞《凤求凰》）

Xiangru saw the words Gathering Benevolence Lane carved on the wall surrounding a large walled mansion. He turned to Puppy Carrier, and said, "Quick, go over to the gate of that house and tell them that Sima Xiangru has arrived!"

需要注意的是，地名不能随便意译，尤其是那些描述性的地名，更需要译者格外注意。例如：

“富县”不能意译为“Rich County”，而应译为“Fuxian County”。

“黑山”不能意译为“Black Mountain”，而应译为“Heishan Mountain”。

“东风港”不能意译为“East Wind Bay”，而应译为“Dongfeng Bay”。

“三江县”不能意译为“Three River County”，而应译为“Sanjiang County”。

（4）增译

一般来说，翻译要遵循忠实原则，不能随意增删原文信息。但在翻译某些具有浓厚文化内涵的地名时，将其中的文化内涵增译出来是十分必要的。如果继续采用音译法翻译，就会使译文失去文化内涵，丧失吸引力。概括来说，增译法翻译地名主要有以下两种方式。

①用同位结构增译地名的雅称，将同位结构前置或用括号括起来均可。例如：

古城西安 Ancient City—Xi’an

葡萄之乡——吐鲁番 The Grape Land—Tulufan

日光城——拉萨市 the Sun City，Lasha

山城重庆 a mountain city，Chongqing

②在地名后增加非限定性定语从句，注解该地的特点。例如，山西省盛产煤矿，可译为“Shanxi Province，which is rich in coal”；青岛因啤酒而远近闻名，可译为“Qingdao City，which is famous for its beer”。

第七章　中西宗教、饮食文化差异与等值翻译

不同国家的宗教和饮食是国家文化的重要组成部分，同时在跨文化翻译的过程中，对于宗教和饮食的翻译也是难点和重点。本章针对这种情况，对中西宗教、饮食文化的差异进行对比，并对中西方宗教、饮食文化间的等值翻译进行探索和研究。

第一节　中西宗教文化差异与等值翻译

中西方宗教文化具有自身显著的特点，因此在文化表现上具有很多的差异。把握中西方宗教文化之间的差异对于进行宗教文化的准确翻译十分有帮助。因此，本节首先对中西宗教文化差异进行分析，然后研究宗教文化间的等值翻译。

一、中西宗教文化差异

（一）宗教中“神”的比较

1. 宗教的概念

在西方，“宗教”一词源于拉丁文“religlo”，意为敬神，在英语中为“religion”。

在汉语中，“宗教”一词的起源有不同的说法。

第一种说法为“宗教”二字合并起来使用始于佛教术语。《景德传灯录》卷第十三《圭峰宗密禅师答史山人十问》之九曰：“（佛）灭度后，委付伽叶，辗转相承一人者，此变盖论当为宗教主，如土无二王，非得度者唯尔数也。”

第二种说法为华鸣在《“宗教”一词如何定义》一文中认为，“宗教”一词是日语借用汉字“宗”和“教”二字而造的一个新词。宗教就是奉祀神祇、祖先之教。

《辞海》对“宗教”的解释是:“宗教，社会意识形态之一。相信并崇拜超自然的神灵。”

虽然中西方对“宗教”一词出处的解释各不相同，但是从细处研究可以发现两种文化对宗教的表示有一个共同点，那就是“宗教是人对神灵的信仰”。宗教文化的形成是由民族的宗教信仰、意识等所共同形成的，因此可以说宗教文化具有民族性。

宗教和文化是密切相关的，宗教是不同文化特色的反映和表现形式。换句话说，宗教是文化的外壳，文化是最本质的东西。宗教依赖于文化，并具有其具体的文化前提。

这种文化基本含义的一致可以说是中西方文化间等值翻译的基础，对文化的翻译意义深远。

2. 中西方宗教中的“神”

宗教在自身的流传和发展之中，不断地对民族文化进行渗透和影响，进而潜移默化地影响了人们的意识形态。关于这种理论，武锐指出，“宗教是一种对社群所认知的主宰崇拜和文化风俗的教化，从其严格的意义来说，代表的是一种伦理观念，而伦理观念是维系一个社会生存的重要基础，因而也是特定文化的核心部分”，可见文化的影响力是多么的重大。

在中国，“神”主要指的是一些得道之人，大抵都是一些杰出的人物通过自己精神的探索和人格的修行而产生的。中国的宗教中，佛教、儒教以及道教是中国三大主要宗教，因此中国宗教文化中的“神”主要就是来源于这几个宗教的创始人。

在中国宗教里，所说的神是指由非常平常的、现实的、世俗的人历经磨难而修炼成的，并不是从上帝的手里接过某项特权的。例如，佛教中所信奉的神为释迦牟尼，他本为一个王子，后来因为厌倦了王室奢靡的生活，想通过自己的努力了解百姓的生活困苦和忧愁，想探索人生的真理，于是在他冥思苦想了四十九天之后终于顿悟，了解了生命的真谛，从而成为得道之人。释迦牟尼只是一个普通的世俗的人，并不是传统意义上的神灵。再如，中国儒教的杰出领袖为孔子，他并非王公贵族，而是一个生活贫苦的私生子，他通过自己的努力，成了教师，最终变成得道之人。这也很典型地体现了中国宗教中“神”的特点。中国道教中的主神为太上老君，他本是东周朝廷的柱下史，因此也是历史上存在的人，是一位有名的智者，于是被大家尊称为“神”。

通过中国三大主要宗教中神的来历，我们可以清楚地看到中国宗教的特点。下面我们对西方宗教中诸神的来源进行分析。

在西方，人们所信奉的神都不存在在现实生活中，而是先天就存在着的，超越于人世之外的。这是中西方“神”文化中的一个显著不同。西方的神都是上帝赋予的，而不是来自人类本身的。

西方国家主要信仰基督教，基督教中的神是耶稣。耶稣是上帝耶和华和民间女子玛利亚所生的孩子，是上帝作为自己解救人类，替人类赎罪的一个使者，是上帝与普通人之间联系的一个纽带。

西方人认为上帝耶和华是天上的神，他超出于人类世俗之外，甚至先于人类的祖先，并且独立于人类之外。耶和华是一切存在的终极原因，因此是永恒的和绝对的。

下面我们以中西方基督教和佛教的差异为例，对中西方宗教的差异进行分析，如表 7-1 所示。

表 7-1　基督教与佛教的差异

项目	基督教	佛教
崇拜的神	上帝（一神教）；上帝是神	释迦牟尼佛以及其他佛（多神教）；佛是人
主神的功力	神力无边；创造了宇宙、世界、人	法力有限，诸神各司其职
人生的意义	忏悔祈祷，播撒爱心，赎罪进入天国	自我修道，超度众生，解脱进入涅槃
实现的途径	依赖于上帝的拯救	依赖于自我的努力
人生观	性本恶	性本善
教义主旨	以“爱”为主，主张慈爱、宽恕、爱一切人	以“善”为本，主张慈善、宽容、积德行善
心灵与肉体	二元论，即两者彼此分离	一元论，即两者融为一体
祈祷形式	公开的、集中的、集体的祷告	隐秘的、分散的、独自的祷告
时间观念	时间是重要的；更看重未来	时间不是很重要；更看重前世和今生
其他观念	上帝的旨意不可违抗、上帝在我心中	善恶有报、生死轮回、投胎转世

（二）宗教社会地位的比较

由于中西方诸神的来历具有显著差异，因此其所形成的宗教文化也各不相同。下面从宗教的社会地位对中西方宗教的差异进行分析。

中国的宗教总体的常态是互相平等和和谐的。在中国的传统文化中，统治者都是利用宗教对社会和人们进行管理的。但是从总体上看，中国的宗教具有一种相对性、相容性和多元性。由于神都是现实生活中存在的普通人，说明即使是神也必须在人类中产生，说明了宗教的地位是在文化之下的。宗教在文化的范畴之内，宗教是文化的一部分，文化包括宗教。中国的宗教是一种文化现象，宗教始终没有处于统治地位，一直受到统治阶级管理。中国的宗教观念体现的是以人为本的原则。

在西方的宗教文化体系中，对于异教徒是十分憎恶的，也就是说，西方人主张信奉一个宗教。因此，很多宗教为了维护自己的地位而发生了战争和动乱。这种维护自身教义并维护教义的绝对性和至上性的观念是西方宗教文化社会地位的典型反映。在西方国家中经常会有教会统治国家的现象出现，这就是宗教文化的力量。宗教是上帝授予的权力，因此即使是国家的统治者也要听从上帝的安排，遵照上帝的旨意行事。西方的宗教观念主要体现的是以神为本的原则，神的地位是神圣不可侵犯的。

（三）宗教中神话故事的比较

神话故事也是宗教文化的一种体现，不同的宗教会有不同的神话传说，而不同的神话又是不同教义的反映。“神话故事在一定程度上表达了古代先民对自然力的斗争和对理想的追求，反映了原始的哲学和宇宙观，是各民族对自然和社会进行探索、理解和幻想的结晶，是每个民族历史文化的重要源泉。”

中国的神话故事通常都是段落形式的。很多事物都没有交代其来源，只是对于一个事件的描写或者对一种精神的赞扬。中国的神话故事一般在结构上都不完整，一般以片段式或零星式描写为主要风格。中国神话没有一个完整的体系将所有的神话故事统筹起来。虽然中国的神话有“盘古开天地”“女娲造人”“夸父逐日”以及“精卫填海”的故事，但是并没有一个清晰的关于神话故事的脉络关系。这些神没有一定的内在关系，相互之间都是独立存在的。

在西方神话中，神话故事通常都是有其情节的，是一个完整的故事体系，对各个神的来源以及能力等都做了详细的交代。西方神话通常会有一个中心人物，并且会以这个中心人物为轴心，形成一个完整的神话体系。西方的神的关系很紧密，通常都是以父子关系或者夫妻关系而存在的。

二、中西宗教文化的等值翻译

（一）西方宗教文化与等值翻译

在西方的宗教文化中，基督教占据着重要的地位，因此其对西方社会和文化的影响也是十分深远的。甚至可以说，基督教是西方文化的重要及主要的组成部分，也是西方文化的核心。有的学者甚至将整个西方文化称为“基督教文化”。

鉴于基督教对西方文化的重大影响，在对中西方文化进行分析时，我们主要对基督教的宗教文化进行分析。

1. 基督教《圣经》的翻译

基督教的经典《圣经》(*The Bible*)包括两大部分：《旧约》(*The Old Testament*)和《新约》(*The New Testament*)。中世纪以来，《圣经》对西方社会的影响上及王公贵族，下至平民百姓，可谓影响广泛。据统计，目前《圣经》已有三百多种文字的版本，可以说是人类历史上流传最广、最有影响的一部书。

《圣经》对于西方文化而言，已经不仅仅是一部宗教经典那么简单，更是西方文化的重要支柱。《圣经》中记载了大量犹太民族和古代地中海地区其他民族的神话传说、历史、法律、民俗、伦理、诗歌等重要资料，具有一定的历史价值。作为基督教的圣典，《圣经》是基督教教义的基础，也是基督教信仰的根本。《圣经》还是一部文学艺术杰作，书中以小说、诗歌、戏剧、书信等多种体裁记述了古代信仰和远古生活，以生动、形象的笔触记述着动人的宗教故事，传递着神秘奥妙的宗教观念，并因此在西方文化生活中得以广泛流传。无论是西方的文学作品，还是日常生活，乃至思维方式，无不深深烙上了《圣经》的影子。

由此可见，要提高学生翻译英语中的宗教文化因素的能力，教师首先要让学生了解《圣经》的重要意义以及《圣经》中的著名典故。例如：

the apple of one's eye 掌上明珠

在年轻人看来，这个地方是他们的伊甸园。

This place is thought the Garden of Eden by young people.

上例中，“Garden of Eden”出自《旧约·创世纪》，是上帝为亚当和夏娃创造的乐园。在此译文将其直译为“伊甸园”有助于开拓中国读者的视野，从而了解西方文化，促进文化融合。当今社会“Garden of Eden”这一典故也已为广大的中国人所熟知。无疑，宗教文化的准确翻译对此起到了巨大的促进作用。

My grandfather is as old as Methuselah.

译文 1：我爷爷像玛土撒拉一样老。

译文 2：我爷爷岁数很大。

上例原文中，“Methuselah”出自《圣经·创世纪》，由于他活了 969 岁，因而成为长寿的代名词。在西方，人们对这个典故十分了解，但是此典故却不为中国人所熟知。

在译文 1 中，采用音译法直接将“Methuselah”译成玛土撒拉，这对于不了解西方宗教文化的中国读者而言难以理解。读者不知道玛土撒拉是个什么样的人，更不知为何用他来和自己的爷爷做比较。

而译文 2 将“Methuselah”的语用意思翻译出来，表达出了长寿之意，虽然能够清晰、准确地传递出原文的真正含义，便于读者理解，但却造成了原文宗教文化的遗失。这对于文化交流而言是个不小的损失。

2. 基督教观念的翻译

对于基督教观念的翻译是宗教文化翻译中的难点和重点。在很多翻译实践中，译者常常将基督教的文化转换为本民族的观念，从而便于读者的理解和感受。但是这种翻译的方法也使得读者对源语文化中的宗教和文化产生与本民族相类似的理解，甚至造成文化之间交际的失误。因此，在对西方宗教文化进行翻译时，最重要的原则是要坚持保留源语中宗教观念的译法。

在西方的文学历史上，莎士比亚为很多人所熟知，他受基督教影响极大。据统计，其戏剧作品中，平均每部作品引用《圣经》的次数为 14 次。由此可见，基督教思想早已深入西方人心中。下面我们就来细细体会莎士比亚作品中渗透着的基督教思想以及处理这种思想的方法。

例如，《威尼斯商人》中的第四幕中，波西亚（Portia）劝说夏洛克（Shylock）的一段话充满了基督教的思想。而朱生豪先生和方平先生对此也使用了不同的翻译方法。

It is twice blest — It blesseth him that gives，and him that takes.

译文 1：它给人双重的祝福——祝福那施主，也赐福给受施的人。

（方平译）

译文 2：它不但给幸福于受施的人，也同样给幸福于施与的人。

（朱生豪译）

对于“him that gives”，朱生豪先生将其翻译为“施与的人”，而方平先生则将其翻译为

“施主”。对此对比可以发现，“施主”是中国佛教、道教对施舍财物给佛寺或道观的在家之人的称呼，具有浓厚的中国宗教色彩。而原文文本中却饱含着浓厚的基督教文化，与此相冲突，因而朱生豪较方平的译文更佳。再如：

It is enthroned in the hearts of kings,

It is an attribute to God himself;

And earthly power doth then show likes God’s

When mercy seasons justice...

译文 1：它，供奉在帝皇的内心深处，是替天行道，象征了上帝的宏恩。人间的权威跟上帝的天道最接近，若是王法里渗透着慈悲的德性。

（方平译）

译文 2：它深藏在帝王的内心——是一种属于上帝的德性，执法的人倘能把慈悲调剂着公道，人间的权力就和上帝的神力没有差别。

（朱生豪译）

通过对两位学者的译文对比可以发现，方译中的“替天行道”与“上帝”，“上帝”与“天道”显然不是同一种宗教文化的说辞。“替天行道”和“天道”反映的是中国的道教文化，但是“上帝”却是西方基督教文化的反映。在进行翻译实践的过程中，对译文风格进行统一是非常重要的，方平的翻译明显破坏了译文的风格。这种风格不统一的做法，违背了文化翻译“词语（观念）与文化氛围相一致”的原则。相比之下，朱生豪的风格更加清晰，其宗教观念与基督教文化氛围也十分融洽，因此不失为佳作。

3. 基督教活动、节日的翻译

和其他很多宗教一样，基督教有很多独特的宗教活动和节日。这些活动和节日也常常出现在英语文本和口头交际中，对此，翻译中有必要了解这方面的文化知识，并且熟悉常见的基督教活动和节日的英汉表达及相关内容，为翻译实践积累足够的文化背景知识。下面介绍一下基督教主要的宗教活动和节日及其英汉表达。

（1）主要宗教活动

常见的基督教活动的翻译及其意义如表 7-2 所示。

表 7–2　常见的基督教活动翻译及其意义

英语	汉语	意义
prayer	祈祷，祷告	基督教的信徒与上帝进行心灵上的直接沟通的一种方式
service	礼拜	新教的主要崇拜活动，通常在礼拜天举行，其他日子亦可。礼拜通常由主要牧师主领，仪式比较简单，包括祈祷、读经、唱诗、证道、祝福等
mass	弥撒	罗马天主教的礼拜仪式，包括圣餐的庆祝仪式。小弥撒用口说；大弥撒较为复杂，还包括唱赞美诗和圣歌等仪式
abstinence	守斋	信徒们向上帝认罪、悔改或自洁、虔修的一种方式

（2）主要宗教节日

常见的基督教节日的翻译及其介绍如表 7-3 所示。

表 7–3 常见的基督教节日翻译及其介绍

英语	汉语	简介
Christmas	圣诞节	每年公历 12 月 25 日，庆祝耶稣基督诞生
Epiphany	主显节	纪念耶稣诞生后的 1 月 6 日，向东方三位贤者显现的节日
Carnival	狂欢节 嘉年华会	天主教徒在四旬斋前一个星期内的狂欢
Good Friday	耶稣受难日	复活节前的星期五
Easter	复活节	春分月圆之后第一个星期日。是庆祝基督复活的节日，对基督徒而言其重要性仅次于圣诞节
Ascension	（耶稣）升天节	复活节后第 40 天（5 月 1 日至 6 月 4 日之间）星期四
All Saints'Day	万圣节	每年公历 11 月 1 日
Advent	（基督）降临节	圣诞节之前，包括四个星期日的期间
Thanksgiving Day	感恩节	每年公历 11 月的第四个星期四。美国基督新教节日。是移居北美普利茅斯的英国清教徒为感谢上帝赐予丰收而举行的庆祝活动。是美国人合家欢聚的节日

（二）中国宗教文化与等值翻译

中国宗教文化主要由儒教（Confucianism）、道教（Taoism）、佛教（Buddhism）文化组成。这三大宗教是中国文化源远流长的三大主流。曾有人将中国的传统文化比喻为一条河流，上游是儒教和道教汇合而成的，中游则汇入了佛教支流，相互激荡、融合。其中，佛教作为一种外来宗教，对中国的传统文化可谓影响广泛而深刻。

佛教在公元前 5 世纪由释迦牟尼创立，并于公元 1 世纪经由印度传入中国。佛教进入中国以来，以其自身的文化特点和优势对中国文化产生了深远的影响，在丰富中国文化的同时，也受儒家、道家文化的影响，逐步本土化，形成了中国自己的佛教特色，亦成为中国文化的重要组成部分。

自汉朝时期传入中国以来，佛教一直都位居中国宗教之首，是一股强大的文化力量。例如，唐代诗人杜牧有诗为证：“南朝四百八十寺，多少楼台烟雨中。”这反映了佛教在南朝时发展到顶峰的盛况。再如，和佛教文化有关的景观在如今的社会中不胜枚举，如四大佛教圣地：普陀山、峨眉山、五台山、九华山，还有西安大雁塔、小雁塔，洛阳白马寺、嵩山少林寺、西藏布达拉宫等。

不管是古人留下的关于佛教的诗词歌赋，还是至今仍十分著名的佛教名胜都表明了佛教在中国人心中的重要地位。同时，佛教文化作为中国文化的重要组成部分亦是中华文明的宝贵财富。

1. 佛教与翻译

佛教最初是由印度传入我国的，因此作为一种外来文化，在中国生根发芽并发扬光大就离不开翻译。佛经的翻译开创了中国翻译事业的先河。

据相关史料记载，汉明帝曾派遣使者前往西域访求佛法。后使者和两位印度僧人回到洛阳，不仅带回了佛经、佛像，还建造了中国第一个佛教寺院——白马寺，并翻译了《四十二章经》（《阿含经》的节选）。这是我国有文字记载的最早的佛经翻译。

后有安息国僧人将《人本欲生经》等佛教经典翻译成中文，使小乘佛教经典传入中国。此后，汉末以及魏晋南北朝时期，出现了大量的佛经翻译家，如支谦、道安、鸠摩罗什、法显、康僧会、竺法护、菩提支流、真谛等，大量的佛经被翻译成中文。

在中国历史上有一个伟大的人物，对佛教的传播以及佛经的翻译有着巨大贡献，这个人就是玄奘。玄奘是唐朝高僧、佛教学者，和真谛、鸠摩罗什一起被称为中国佛教三大翻译家。他长途跋涉，走遍西域、印度等国，并留下了《大唐西域记》这样一部不朽的游记；他的佛学造诣深厚，对中印文化交流事业的发展有着不可磨灭的贡献；他通达中印语言、洞晓三藏教理，译出经论 1 335 卷，翻译系统、严谨，是中国翻译史上的光辉典范。

佛经的翻译不仅推动了佛教在中国的传播和发展，更对中国文学的内容和形式都产生了极大的影响。佛经的重大影响概括起来主要有三个方面。

①中国翻译文学的出现。很多佛教典籍，如《法华经》《楞严经》《百喻经》《维摩经》等被翻译成汉语，从而导致了中国翻译文学的出现。

②这些佛经本身也是极具魅力的文学作品。中国文人也常借助佛经中的新意境、新文体以及新的遣词命意的方法进行文学创作。

③为以后的文学著作的创作提供动力。佛教典籍、历史故事也成为中国晋、唐小说创作的动力，并为后来的古典小说如《西游记》《红楼梦》《三国演义》等文学巨著的创作提供了一定的内容和思想。

通过上述介绍，佛教文化对中国文化的影响之深远可见一斑。因此，很多汉语文本中多多少少会透漏出一些佛教因素。翻译教学中，教师必须使学生对此加以重视，了解中国的佛教文化，使学生积累一定的佛教文化英译的既成译法，这有助于学生在翻译时信手拈来，减轻翻译负担。

2. 佛教思想的翻译

佛教思想和佛教文化对中国古代的诗歌也产生了巨大影响。一方面，佛教常用一种和古体诗歌相似的形式——偈，来宣传教义。偈的种类很多，通常由四个三言、四言、五言、六言或七言的句子组成，这和汉之前的四言诗以及汉之后的五言、六言、七言诗极为接近。另一方面，由于佛言佛语以及偈中通常包含着丰富的佛家思想和智慧，因而也成为古代诗歌经常引用、涉及的内容。因此，翻译教学应使学生在翻译汉语文本中的佛教事物、思想时注意佛教文化的传递。例如：

菩提本无树，明镜亦非台，
本来无一物，何处惹尘埃？

译文1：

There is no Bo-tree,
nor stand mirror;
had no one,
where can the dust alight?

译文2：

There is no bodhi tree,
Nor stand of a mirror bright,
Since all is void,
Where can the dust alight?

这首诗对于中国人来说并不陌生，诗中也蕴含了很多浓厚的佛教观念。对于这首诗的翻译有两点首先需要明确，一是诗中所提到的“菩提”的含义，二是此诗在整体上要表达什么思想。

根据中国佛教的知识，“菩提”是对梵文“Bodhi”的音译，指人如梦醒般醒悟、觉悟、顿悟真理，达到超凡脱俗的境界，因此通常表示“觉悟”“智慧”等含义。“菩提树”的英文表达有“Bo-Tree”“peepul”等，都有大慈大悲、觉悟真理之意。

上文引述的这首诗为唐朝初年的高僧慧能大师所作。慧能大师从佛家“四大皆空”的理念出发，引申出万物皆空的思想。由于“菩提”意为“觉悟”，因此在这首诗中，慧能大师是对佛教中“空”的观念的阐释。

但是很多人由于对佛教思想不是很熟悉，根据诗表面的含义认为世界上没有菩提树。但是在真实世界中，菩提树是一种桑科榕属常绿大乔木，是存在的。慧能大师对诗的解释是，菩提树是空，明镜台也是空，身与心都是空，既然一切皆空，又如何会惹尘埃呢？

对于这首诗的翻译，如果译者缺乏足够的佛教知识，就会在理解上犯一些错误。在分析这类诗歌时，译者首先应该对诗中的关键词进行重点理解和掌握，当译者能够准确把握诗的重点和关键点时，其翻译时就会准确，也能够较好地表达原诗的风韵和含义。

例如，在这首诗中，“菩提树”为其关键词，同时也是这首诗的灵魂。因此，译者对这个词进行准确翻译十分重要。根据白靖宇的观点，若将“菩提树”当作一种植物来翻译，可译成“Bo-tree”“Pipal tree”“Bo-tree fig”等，但这只能表达其植物属性，无法体现其宗教含义；若将其翻译成“bodhi tree”，虽然可以体现出其佛教意义，但对读者而言未免生涩难懂，需要添加注释方能被很好地理解。

结合上述分析，译者在进行宗教文化翻译时，首先应对作品中的关键词进行准确的理解，然后从整体上把握作品中的宗教内涵，只有这样才不会出现由于文化缺失而导致翻译失误的问题。

3. 佛教词语的翻译

由于佛经翻译的大量出现，很多表现佛教文化的词汇和概念也在汉语中不断发展和丰富了起来。

这些佛教词语一般有以下两种产生方式：

①用原有的汉字来表达佛教概念。这种方式基本上是旧词生新意，所产生的词语如“境界”“因缘”等。

②外来语音译。音译的外来语一般可以很好地保留佛教的色彩，这样的词如“佛陀”“菩萨”“菩提”等。

对于佛教词语的把握可以很好地促进翻译实践，下面我们对佛学用语和佛教人、物以及活动的翻译进行归纳和总结。

（1）佛学用语的翻译

常见的佛学用语及其翻译如表 7-4 所示。

表 7–4　佛学用语及其翻译示例表

汉语	英语
因果	cause and effect
轮回	cycle of rebirths
菩提	bodhi
众生	sentient beings
觉悟	to get enlightenment
成佛	to obtain the Buddhahood
善哉	sadhu（good or excellent）
普度众生	to save all living beings from sufferings
大乘	the Great Vehicle
小乘	the Lesser Vehicle
十二因缘	Twelve Links in the Chain of Causation
饿鬼	hungry ghost
地狱	denizen of hell
无我	no-soul
无常	impermanence

（2）佛教人、物以及活动的翻译

常见的佛教人、物、活动的表达及其翻译如表 7-5 所示。

表 7–5　佛教人、物、活动及其翻译示例表

汉语	英语
释迦牟尼佛	Sakyamuni Buddha
弥勒佛	Maitreya Buddha
迦叶佛	Kasyapa Buddha
阿弥陀佛	Amitabha Buddha
菩萨	Bodhisattva
四大天王	Four Deva-kings
观世音菩萨	Avalokitesvara Bodhisattva
文殊菩萨	Manjusri Bodhisattva
僧、尼（比丘、比丘尼）	monk，nun/Bhiksu，Bhiksuni
方丈 / 住持	abbot
首座	chief monk
监院 / 当家	monastic manger
侍者	assistant
佛像	Buddha statue
香炉	incense burner
诵经	sutra chanting
礼佛	pay respect for Buddha
上香	to offer incense to Buddha

第二节　中西饮食文化差异与等值翻译

饮食在人们生活中扮演着重要的角色。中西方受不同因素的影响，在饮食文化方面具有很多显著的不同。因此，在对中西饮食文化进行翻译时，需要对其差异进行一定的了解。

一、中西饮食文化差异

（一）饮食文化背景的差异

由于不同的文化背景，中西方形成了自己独特的饮食文化。饮食的不同又在一定程度上丰富着中西方的文化。

1. 两种不同的饮食观念

（1）美性饮食观念

中国人吃饭讲究对“色、香、味、形、器”的追求，也就是要追求一种饮食上的“意境”，这也是我们通常所说的“美性饮食观念”。

在“美性饮食观念”的指导下，中国的饮食文化创造了其独有的魅力和内涵。对这种特点的典型反映就是中国菜肴的“味”。中国菜味道的创造来自其坚持的五味的调和。这种调和讲究要使食物的本味，加热以后的熟味，加上配料和辅料的味以及调料的调和之味，交织融合协调在一起，使之互相补充、互相渗透、水乳交融、你中有我、我中有你，既在菜肴中融合了丰富的味道，又能体会出每个材料独特的味道。这种烹饪上的调和之美，同样反映了中国烹饪艺术的精要之处。

中国饮食文化在一定程度上与中国传统的哲学思想是不谋而合的。中国哲学其显著的特点是宏观、直观、模糊及不可捉摸。中国饮食对美性的追求压倒了对理性的追求，讲求的是调和，这其实就是哲学中模糊和不可捉摸的体现。但是中国菜的制作方法的最终目的是调和出一种美好的滋味，这个过程讲究的是宏观上的配合和对菜肴直观的分寸的把握。这种做菜的方式包含了丰富的中国哲学的辩证法思想，也就是菜最终的味道要美好、协调，但是在这其中不同度的掌握又使得菜肴丰富而富于变化。根据不同的厨师和烹饪方式，每一道菜都有其不同的味道，甚至对于一道菜的把握，在不同的厨师手中都会出现不同的结果。而所述的种种，无不反映出了中国饮食文化的博大精深和变化多彩。

（2）理性饮食观念

西方人的饮食讲究的是对营养的摄入，对热量、维生素、蛋白质等的吸收，这就是西方人坚持的“理性饮食观念”。

西方人和中国人对饮食的追求截然不同，西方人看重的不是食物的色、香、味、形，而是食物中包含多少营养，这种营养对人身体会产生如何不同的影响。也就是说，在保证食物影响的前提下，即使他们吃的菜千篇一律，他们也会理智地告诉自己，这是人体必需的，应该吃下去。

这种饮食观念的产生也是对西方哲学体系的反映。西方人受其生活习惯和宗教文化等因素的影响，讲究的是理性，主张“以人为本”。因此反映在西方的饮食文化上就是其理性的饮食文化。西方人主张“We eat to live，not live to eat.”从不同的餐厅供应同样味道的食物和同种类的食物我们就能看出这个特点。西方人的烹饪讲究餐具，讲究用料，讲究服务，讲究菜品原料的形、色方面的搭配。但是在食物上尽量保持食物本身的味道，即使菜肴中有一些配菜的出现也是为了进行营养上的搭配、配色上的协调和口味上的调和。

2. 中西饮食的偏好区别

（1）合与分的区别

中国人做菜，喜欢将多种荤素原料、佐料集合烹调（如杂烩、火锅等），讲究“五味调和”；西方人做菜，很少将多种荤素原料集合烹调，正菜中鱼就是鱼，鸡就是鸡，即使是调味料，也是现吃现加。概括地讲，是合与分的差别。

（2）美味与营养的区别

中国人十分重视菜肴的色、香、味、形，尤其重滋味。中国“五味调和”的烹调术旨在追求美味，其加工过程中的热油炸和文火煮，都会在不同程度上破坏菜肴的营养成分；西方人对食物营养的追求超越了色、香、味、形，他们非常重视对食物营养成分的分析，如营养成分在烹饪过程中的保持或损失程度，烹饪是否科学、卫生。

（3）随意与规范的区别

中国人对食品的加工具有随意性或不确定性，各大菜系都有自己的风味与特色，就是同一菜系的同一个菜，其所用的配菜与各种调料的匹配，也会依厨师的个人特点有所不同。就是同一个厨师做同一道菜，虽有一己之成法，也会因时、因地、因人而不同；西方人由于饮食强调科学和营养，故烹调的全过程都严格按科学规范行事。例如，牛排的味道在一个国家的东西南北毫无二致，牛排的配料也是有限的几种。再者，规范化、机械化的烹调要求调料的添加量精确到克，烹调的时间精确到秒。

（二）中西饮食对象的差异

在中国，“菜”为形声字，与植物有关。据有关资料统计，中国人吃的蔬菜有600多种，比西方大约多六倍。实际上，在中国人的菜肴里，素菜是平常食品，荤菜只有在节假日或生活水平较高时，才进入平常的饮食结构，所以自古便有“菜食”之说。《国语•楚语》中的“庶人食菜，祀以鱼”，是说平民一般以菜食为主，鱼肉只有在祭祀时才可以吃到。菜食在平常的饮食结构中占主导地位。中国人以植物为主菜，与佛教徒的鼓吹有着千丝万缕的联系。他们视动物为“生灵”，而植物则“无灵”，所以，主张素食主义。

西方人秉承着游牧民族、航海民族的文化血统，以渔猎、养殖为主，以采集、种植为辅，荤食较多，吃、穿、用都取之于动物，连西药也是从动物身上摄取提炼而成的。西方人在介绍自己国家的饮食特点时，认为其比中国更重视营养的合理搭配，有较为发达的食品工业，如罐头、快餐等，虽口味千篇一律，但节省时间，且营养良好。

有人根据中西方饮食对象的明显差异这一特点，把中国人称为植物性格，西方人称为动物性格。在文化行为方面，表现为西方人喜欢冒险、开拓、冲突；而中国人则安土重迁、固本守己。这一点在美国的西部运动中可以看出来，西方人富有探险精神，可以勇敢地去开发未知的领域。但是中国人讲究的是“家族”“根基”的观念，在中国人的思想中，家和国是自己的根基，因此具有浓厚的人文精神，对“落叶归根”的想法十分推崇。这种文化上的不同均在饮食上有一定的体现。

（三）中西饮食方式的差异

中西方的饮食方式有很大不同。在中国，宴会不管是出于什么目的举行，其形式都是大家共享一席，团团围坐。中国举行筵席时，经常使用圆桌，因为圆桌在形式上造成了一种礼貌、团结、共趣的气氛。食物和菜肴在宴会上不仅仅供大家品尝，同样也是大家互相交流的媒介。人们在相互敬酒、相互让菜、劝菜等礼仪下，达到情感的沟通和联系。这种饮食的形式是中国“大团圆”心态的普遍反映，也是中国人“和”的思想的典型体现。

西方人的饮食形式和中国的差异十分明显，他们的饮食形式主要以自助的形式展开。自助指的是将所有食物一一陈列，每个人依据自己的口味和需要进行选择，在吃的时候也不必固定在位置上，可以随意走动。这种饮食形式有利于不同人之间自由交流，表现了西方人对个性和自我的尊重。由于西方人进行宴会的目的是为了交际，因此西式饮宴上食品和酒实际上是作为陪衬的。在进行宴会的过程中，通过与邻座客人之间的交谈，达到交谊的目的。如果将宴会的交谊性与舞蹈相类比，那么可以说，中式宴席好比是集体舞，而西式宴会好比是男女的交谊舞。

由此可见，中式宴会和西式宴会交谊的目的都很明显，只不过中式宴会更多地体现在全席的交谊，而西式宴会多体现于相邻宾客之间的交谊。

（四）中餐与西餐的差异

饮食观念的不同，使中国饮食倾向于艺术、感性，西方饮食倾向于科学、理性。在饮食不发达的时代，这两种倾向都只有一个目的，即充饥、存活。

而在饮食文化充分发展之后，这两种不同的倾向就表现在目的的不同上。前者体现为对味道的讲究，后者则表现为对营养的重视。

1. 烹调方法

中餐烹调倾向于艺术性，且因季节和各地气候、民俗的不同，而异彩纷呈，由此亦形成鲁、川、粤、苏、闽、浙、湘、徽八大菜系。同样一种原料，不仅各菜系的烹调方式和方法各异，且厨师还会根据季节的变化，变换调料的种类或数量，烹制出口味有别的菜肴。例如，我国的四川、重庆地区的麻辣菜肴，是为了适应当地多湿热的气候，因为麻辣菜肴既能刺激胃口，又能发散人体内的湿热，有益于健康。

中餐每一种菜肴的制作，都有主料、辅料、调料和烹调方法的具体要求，但烹制者也会因食客的需要，做一些增补、省减。更重要的是，在烹制中，还有火候、时间等要素的掌握。中国烹调讲究艺术性，千变万化却又符合科学的要求。

西方食品的营养成分一目了然和绝少艺术氛围的特点，明显地区别于中国饮食的艺术境界。西方不少国家在中小学校都有营养师，以保证青少年的营养充足和平衡，而在中国营养师并不多见，即使是高级筵席也几乎从不孤立地去考虑营养组合。表面上看中国饮食对营养科学是一种直观的模糊的把握，其实它是建立在对食物营养成分及特性经验性的理解上的，只不过这种理解不是纯粹理性的理解。

中餐菜肴的原料种类繁多，甚至可以说是包罗万象。中华民族固有的主食、副食的观念，使得菜肴不仅要与主食相配，还要弥补主食的单一性，所以，中餐极重视菜肴的烹制。西方民族没有主食、副食的概念，所有食物的功能都相同，或补充营养，或充饥。因此，西餐的烹调方式单一，烤、炸、煎等烹制方法能适用于各种食物的制作。而且在烹制时，常将面食与肉类、蔬菜，甚至水果混在一起。

2. 菜名

中餐包含许多文化内涵，是中国传统文化的组成部分。许多菜名中就包含了一些社会文化的信息。例如，“宫保鸡丁”，相传是根据秦朝一名官员特制的食谱而做成的，因这位官员的官职就叫“宫保”而得名。还有的菜名与典故、传说有关，如“霸王别姬”，典出于西楚霸王项羽和他的爱妃虞姬；“佛跳墙”则是源于民间传说，因这道菜香味颇佳，引得寺庙里的和尚们垂涎欲滴，纷纷跳出院墙。还有一些菜名，则是以其独特的形、味冠名，颇具情趣，如“松鼠鳜鱼”“鱼香肉丝”等。随着饮食业的不断发展，中餐菜肴的内容也不断推陈出新，菜名也出现了一些新的变化。

与中餐相比，西餐中的菜名要简单得多，往往一目了然。例如，肯德基快餐店就是专门卖炸鸡的店。其店中的菜肴，如香辣鸡翅、炸薯条、奥尔良烤鸡腿堡以及墨西哥鸡肉卷、海鲜汤等的命名也是根据其食物的原料，因此人们在看到菜名时就能知道食物里包含了哪些原料。其他一些西餐厅里经常出现的菜点，如意大利面条、意大利比萨饼、烤牛排、水果色拉等也是如此。这种命名方式符合西方人的思维方式，更适应西方快速发展的生活节奏，人们在点餐时可以根据菜名的不同选择出自己想吃的食物，因此简化了用餐的过程，深受人们的喜爱。

3. 餐具

中西餐的差异，还表现在餐具的使用上。中餐使用筷子夹食物，西餐则使用刀叉切割食物。这两种不同的餐具，实际与中西方传统的经济生产方式存在着必然的联系。但同时，这两种不同餐具的使用，也体现出中西方民族特有的习性和传统文化。中国是典型的农耕民族，通常以谷类为主食，倾向于安居乐业、和平与安定，强调以“和”为贵，反对侵略和攻击。而西方主要为从事畜牧业生产的民族，常常在残酷恶劣的环境下生存，他们善于捕猎，富于进攻性，形成了争强好胜和乐于冒险的性格特征。

这两种近乎相反的民族特性反映到饮食中，就很自然地体现在餐具的选择以及食用方式上。法国著名的文学思想家、批评家罗兰•巴尔特在谈到筷子时，认为筷子不像刀叉那样用于切、扎、戳，因而“食物不再成为人们暴力之下的猎物，而是成为和谐地被传送的物质”。

4. 宴请方式

中餐和西餐的差异，还包括宴请的方式。中国传统的宴请，有主宾之分，常以丰盛的菜肴表现主人的热情好客；西方的宴请，则十分简单，没有丰盛之感，不讲究排场，更不主张浪费。

二、中西饮食文化的等值翻译

（一）刀工翻译

中国人讲究做菜的“刀工”，甚至在评价一个厨师的好坏和等级时，也从厨师的刀工着手。因此，中国饮食文化中关于刀工的说法很多。对于刀工翻译的不准确，会影响接受者对菜的理解和选择，因此在饮食文化中，关于刀工的翻译也是翻译的一个重点。对刀工进行翻译时，一般采用的是直译的方法。例如：

切柳 filleting
去骨 boning
去皮 skinning/peeling
刮鳞 scaling
剁末 mashing
刻、雕 carving
切、削 cutting
切片 slicing
腌 pickling/salting
浸、泡 marinating
去壳 shelling
切丝 shredding
切碎 mincing
切丁 dicing

（二）烹饪方式翻译

中国的烹饪方式十分复杂和多样，不同的烹饪方式和方法对菜肴的适应度不同。因此，在进行英语翻译时，有必要对中国的烹饪方式进行了解。例如：

煎 pan-frying
炖、煨、焖、煲 simmering/stewing
煮 boiling
炸 deep-frying
炒 stir-frying
熏 smoking
蒸 steaming
爆 quick-frying
烧 braising
白灼 scalding
烤、烘 baking/broiling/grilling/roasting/basting

（三）菜名翻译

菜名的翻译主要采用的是直译法，一般都是利用菜肴的主料、辅料、烹饪方式、菜肴的形状以及口感进行翻译。有一些含有特定文化内涵或历史意义的菜名采用意译法来进行翻译。有的带有产地和创始人信息的菜名会采用音译法进行翻译。对于菜名的翻译要尽量使接受者能通过菜名对菜肴有基本的了解。

1. 直译法

（1）烹调法 + 主料

这种翻译方法可以使食用者通过菜名对菜肴的主料和基本做法有一定了解，有助于其根据个人口味和喜好选择菜肴。例如：

炒腰片 fried sliced pig's kidney
涮羊肉 instant boiled mutton
香熏鱼 smoked spicy fish
炒鸡丝 stir-fried chicken
炸春卷 deep-fried egg rolls
烧鹅 roast goose
叉烧肉 barbecued pork/roast pork fillet
回锅肉 twice-cooked pork/double cooked pork
烤乳猪 roast suckling-pig/roast piglet
蒸螃蟹 steamed crab
炒蟹肉 fried crab meat
白灼螺片 fried sliced whelk
煎咸鱼 fried salted fish
白切鸡 steamed chicken
煨牛肉 simmered beef

（2）烹调法 + 主料名 +with+ 配料

这样的翻译法可以使食用者选择自己喜欢的菜品。例如：

杏仁炒虾仁 fried shrimps with almonds
蚝油鱼唇 braised fish lip with oyster oil
咸水虾 boiled shrimps with salt
蚝汁鲍鱼片 fried abalone slices with oyster oil
草菇蒸鸡 steamed chicken with mushrooms
干烧明虾 fried prawns with pepper sauce
糖醋排骨 spareribs with sweet and sour sauce
酿豆腐 beancurd stuffed with minced pork
香菇蒸鸡 steamed chicken with mushrooms
红烧牛尾 stewed ox tail with brown sauce
油焖笋 stewed bamboo shoots with soy sauce
茄汁鱼球 fried fish balls with tomato sauce
红烧鲤鱼头 stewed carp head with brown sauce

（3）烹调法 + 加工法 + 主料名 +with/in+ 调料名

这样的翻译方法不仅使食用者知道主料和辅料，也使其了解了菜品的加工方法。例如：

红烧狮子头 stewed minced pork balls with brown sauce
炒鳝丝 fried shredded finless eel
碧绿鲜虾脯 fried minced shrimps with vegetables
鱼丸烧海参 stewed sea cucumbers with fish balls
青椒牛肉丝 stir-fired shredded beef with green pepper
肉片烧豆腐 stewed sliced pork with beancurd

洋葱牛肉丝 med shredded beef with onion

雪菜炒冬笋 fried cabbage with fresh bamboo shoots

蚝油鸡球 chicken balls with oyster sauce

青椒肉片 fried sliced pork and green chilli

（4）烹调法 + 主料名 +with/in+ 配料名

这样翻译简单明了，使食用者通过菜谱就可以了解菜品的基本情况。例如：

炖栗子鸡 stewed chicken with chestnuts

冬菇菜心 fried winter mushrooms with green cabbage

腐乳汁烧肉 stewed pork with preserved bean curd

笋尖焖肉 simmered meat with bamboo shoots

笋菇鸡丁 fried chicken cubes with bamboo and mushrooms

咖喱牛肉 fried beef with curry

砂锅栗子鸡 stewed chicken with chestnuts in earthen pot

荷叶粉蒸鸡 steamed chicken in lotus leaf packets

素什锦豆腐 braised bean curd with mixed vegetables

蒜头烧黄鳝 stewed finless eel with garlic

滑蛋牛肉 flied beef with scrambled eggs

辣味烩虾 braised prawns with chilli sauce

2. 意译法

雪积银钟 stewed mushrooms stuffed with white fungus

玉皈禅师 stewed potatoes with mushrooms

蚂蚁上树 bean vermicelli with spicy meat sauce

龙凤会 stewed snake ＆ chicken

全家福 stewed assorted meats

游龙戏凤 stir-fried prawns ＆ chicken

3. 音译法

炒罗汉斋 stewed vegetables“Luohan Zhai”

东坡肉 Dongpo braised pork

宋嫂鱼羹 Sister Song’s fish potage

北京烤鸭 Beijing roast duck

东江酿豆腐 beancurd stuffed with minced pork in Dongjiang style

参考文献

[1]李运兴．汉英翻译教程 [M]．北京：新华出版社，2006.

[2]刘军平．西方翻译理论通史 [M]．武汉：武汉大学出版社，2009.

[3]武锐．翻译理论探索 [M]．南京：东南大学出版社，2010.

[4]张培基．英汉翻译教程（修订本）[M]．上海：上海外语教育出版社，2009.

[5]卢红梅．华夏文化与汉英翻译 [M]．武汉：武汉大学出版社，2006.

[6]兰萍．英汉文化互译教程 [M]．北京：中国人民大学出版社，2010.

[7]张全．全球化语境下的跨文化翻译研究 [M]．昆明：云南出版社，2010.

[8]黄成洲，刘丽芸．英汉翻译技巧——译者的金刚钻 [M]．西安：西北工业大学出版社，2008.

[9]刘宓庆．现代翻译理论 [M]．南昌：江西教育出版社，1990.

[10]陈明远．语言学和现代科学 [M]．成都：四川人民出版社，1983.

[11]李建军．文化翻译论 [M]．上海：复旦大学出版社，2010.

[12]王恩科，李昕，奉霞．文化视角与翻译实践 [M]．北京：国防工业出版社，2007.

[13]谢天振．中西翻译简史 [M]．北京：外语教学与研究出版社，2010.

[14]冒国安．实用英汉对比教程 [M]．重庆：重庆大学出版社，2015.

[15]张维友．英汉语词汇对比研究 [M]．上海：上海外语教育出版社，2010.

[16]杨贤玉．英汉翻译概论 [M]．武汉：中国地质大学出版社，2010.

[17]张春柏．英汉汉英翻译教程 [M]．北京：高等教育出版社，2003.

[18]郭富强．汉英翻译理论与实践 [M]．北京：机械工业出版社，2009.

[19]何远秀．英汉常用修辞格对比研究 [M]．成都：西南交通大学出版社，2011.

[20]吕煦．实用英语修辞 [M]．北京：清华大学出版社，2004.

[21]李建军．新编英汉翻译 [M]．上海：东华大学出版社，2004.

[22]殷莉，韩晓玲．英汉习语与民俗文化 [M]．北京：北京大学出版社，2007.

[23]宿荣江．文化与翻译 [M]．北京：中国社会出版社，2009.

[24]白靖宇．文化与翻译（修订版）[M]．北京：中国社会科学出版社，2000.

[25]平洪，张国扬．英语习语与英美文化 [M]．北京：外语教学与研究出版社，2000.

[26]成昭伟，周丽红．英语语言文化导论 [M]．北京：国防工业出版社，2011.

[27]包惠南，包昂．中国文化与汉英翻译 [M]．北京：外文出版社，2004.

[28]闫文培．全球化语境下的中西文化与语言对比 [M]．北京：科学出版社，2007.

[29]贺显斌．语言与文化关系的多视角研究 [J]．西安外国语学院学报，2002（03）：22-26.

[30]刘玲．中西文化差异对翻译的影响 [J]．福建政法管理干部学院学报，2007（02）：111-114.

[31]岳莉莉，冷帆．英汉文化差异对翻译的影响 [J]．天中学刊，2002（06）：68-70.

[32]张莉．论英汉典故的文化内涵与翻译 [J]．科教文汇（中旬刊），2008（02）：166.

[33]张怡玲．简析英汉数字文化内涵的异同 [J]．大学英语（学术版），2006（02）：109-110.

[34]吕雯霞．英汉语言中数字的文化内涵对比解析 [J]．太原城市职业技术学院学报，2010（04）：204-205.

[35]罗云珍，池玫．英汉数字文化内涵比较与翻译 [J]．福建商业高等专科学校学报，2008（02）：118-121.

[36]吴瑞琴．英汉数字的文化差异与翻译 [J]．山西农业大学学报（自然科学版），2007（S2）：144-145.

[37]郭晓军．汉英颜色词的翻译方法 [J]．中国电力教育，2010（S1）：235-237.

[38]武晓燕．数字的文化内涵与中西翻译之比较 [J]．齐齐哈尔大学学报（哲学社会科学版），2006（03）：85-88.

[39]赵昌彦．汉英数字 4 的文化内涵对比及翻译 [J]．内蒙古农业大学学报（社会科学版），2012，14（02）：314-315.

[40]王芙蓉．浅论英汉颜色词的翻译 [J]．科技信息（学术研究），2008（34）：513-514.

[41]阮倩倩，黄万武．从文化内涵看英汉颜色词的翻译 [J]．科教文汇（中旬刊），2011（12）：127.

[42]唐美华．英汉植物词汇文化内涵对比分析及其翻译策略 [J]．文教资料，2007（03）：169-171.

[43]蔡华．试论中西饮食文化的差异 [J]．邵阳学院学报（社会科学版），2007（02）：54-57.

[44]孙波．中西饮食文化差异对比分析 [J]．海外英语，2011（12）：279-281.

[45]周大鸣．文化多元性与全球化背景下的他者认同 [J]． 学术研究，2012（06）：33-37.